AF404218

Montaign

et

l'Éducation du Jugement

PAUL DELAPLANE
ÉDITEUR

Limoges

Montaigne

et

l'Éducation du Jugement

LES GRANDS ÉDUCATEURS

(Celte collection a élé honorée d'une souscription du ministère de l'Instruction publique.)

Viennent de paraitre :

J.-J. Rousseau *et l'Éducation de la Nature*, par GABRIEL COMPAYRÉ, Correspondant de l'Institut, Recteur de l'Académie de Lyon. 1 vol. in-18 raisin, broché......... » 90

Herbert Spencer *et l'Éducation scientifique*, par GABRIEL COMPAYRÉ. 1 vol. in-18 raisin, broché.............. » 90

Pestalozzi *et l'Éducation élémentaire*, par GABRIEL COMPAYRÉ. 1 vol. in-18 raisin, broché............... » 90

Jean Macé *et l'Instruction obligatoire*, par GABRIEL COMPAYRÉ. 1 vol. in-18 raisin, broché.............. » 90

Condorcet *et l'Éducation démocratique*, par FRANCISQUE VIAL, professeur au Lycée Lakanal et à l'École normale supérieure d'Enseignement primaire, docteur ès lettres. 1 vol. in-18 raisin, broché...................... » 90

Herbart *et l'Éducation par l'Instruction*, par GABRIEL COMPAYRÉ. 1 vol. in-18 raisin, broché............. » 90

Félix Pécaut *et l'Éducation de la Conscience*, par GABRIEL COMPAYRÉ. 1 vol. in-18 raisin, broché............. » 90

Montaigne *et l'Éducation du Jugement*, par GABRIEL COMPAYRÉ. 1 volume.

Pour paraitre prochainement :

Charles Démia *et les origines de l'enseignement primaire*, par GABRIEL COMPAYRÉ. 1 volume.

(D'autres volumes sont en préparation.)

3.475-04 — CORBEIL. Imprimerie ED. CRÉTÉ.

LES GRANDS ÉDUCATEURS

Montaigne

et

l'Éducation du Jugement

PAR

GABRIEL COMPAYRÉ

CORRESPONDANT DE L'INSTITUT

RECTEUR DE L'ACADÉMIE DE LYON

PARIS

LIBRAIRIE PAUL DELAPLANE,

48, RUE MONSIEUR-LE-PRINCE, 48

AVANT-PROPOS

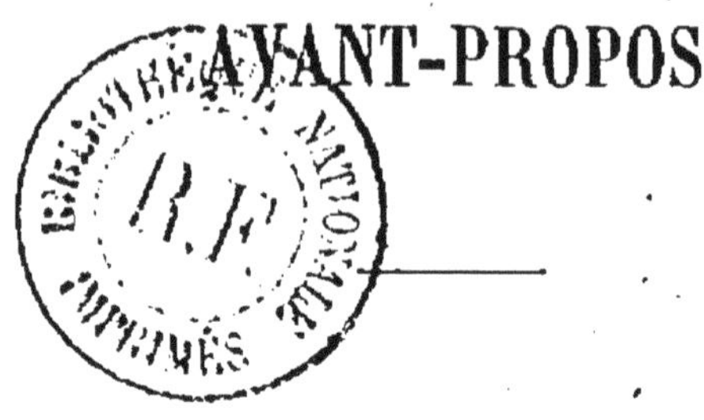

Tout a été dit sur Montaigne, et il y a quelque témérité à vouloir encore parler de lui. Mais il est pourtant impossible de lui refuser, dans notre galerie des « Grands éducateurs », la place à laquelle il a droit.

Il n'a sans doute tracé qu'une esquisse. Il n'a pas approfondi le problème de l'éducation ; mais il était pénétré de son importance, et il y revient sans cesse dans maint chapitre des « Essais ».

Rien en lui du théoricien dogmatique. En toutes matières, il est un dilettante. Il a flâné dans le monde des idées, avec les merveilleuses ressources de son érudition, avec la verve prime-sautière d'un esprit fin et original. Il s'est « chatouillé », comme il dit, de ses imaginations. Mais, en ce qui concerne l'éducation, il a fait montre d'une gravité dont il n'était pas coutumier, et c'est certainement le sujet sur lequel il a le moins varié. Sur combien de questions pédagogiques n'a-t-il pas dit un mot profond ou piquant, et d'une portée moderne ?

Il a fondé une école pédagogique, à laquelle appartiennent, quelque mal qu'ils aient dit de lui, les solitaires de Port-Royal, le doux Fénelon, le sage Locke, et même le révolutionnaire Rousseau. Et cette école est l'école du bon sens, l'école qui subordonne l'instruction à l'éducation, la mémoire au jugement, la science à la conscience, et toutes les études à l'enseignement de la morale. « Si l'âme de l'enfant n'en va en meilleur branle, j'aimerais autant qu'au lieu d'étudier il eût joué à la paume. »

Les « Essais », quelque explorés qu'ils aient été par une légion de commentateurs, sont une mine inépuisable de sentiments et d'idées. On n'aura jamais fini d'en extraire la moelle. Nous y avons puisé à pleines mains, et c'est par des citations surtout que nous allons essayer de reproduire les traits de la physionomie morale de Montaigne, et de définir ses vues sur l'éducation. Quelques-unes pourront paraître banales : elles ne l'étaient pas de son temps. Enveloppées dans un style enchanteur, elles n'ont pas vieilli : « elles rient toujours au lecteur de leur fraîche nouvelleté ».

Il y a, d'ailleurs, quelque intérêt à confronter les idées d'un éducateur du seizième siècle avec celles qui ont cours aujourd'hui. Ajoutons enfin que, dans la suite des temps et avec le mouvement des opinions, un même livre est interprété de diverses façons par ceux qui le lisent. Il se renouvelle, il se modifie, en quelque sorte, éclairé d'un jour nouveau par des consciences animées d'un autre esprit. Il en est des « Essais » comme d'un paysage, qui change d'aspect avec les heures du jour, selon qu'il est diversement touché par la lumière, mais qu'on a toujours plaisir à regarder, dans la variété de ses apparences successives et changeantes.

MONTAIGNE

I

LE CARACTÈRE DE MONTAIGNE

Montaigne n'est pas un éducateur uniquement pour avoir esquissé, comme en se jouant, un plan d' « institution des enfants ». Il l'est aussi, — peut-être l'est-il surtout, — par l'action que l'ensemble de ses idées a exercée depuis trois siècles sur ses innombrables lecteurs. Il n'est pas de livre qui, au même degré que les *Essais*, ait pénétré de son influence, bonne ou mauvaise, la conscience française. Combien de préceptes de Montaigne sont passés dans notre sagesse courante et font partie de notre patrimoine moral ! Les *Essais*, sorte de biographie morale, où un homme d'une extraordinaire intelligence se raconte dans toute la variété de ses sentiments, ne doivent-ils pas être considérés comme un livre d'éducation pour tous les hommes ? En faisant son propre portrait avec une sincérité absolue, « des pieds à la tête », avec une hardiesse parfois effrontée, « affamé » qu'il était de se faire connaître, « se recherchant jusqu'aux entrailles », aussi peu discret sur ses défauts que sur ses qualités, Montaigne, sur plus d'un point, nous offre des exemples, et trace des règles de conduite, dont l'honnête homme de tous les temps peut profiter. Et ce moraliste est d'autant plus puissant sur les esprits qu'il ne songe nullement à leur imposer sa pensée. Il ne prêche pas; il ne donne même pas de conseils : mais il s'insinue dans les imaginations de tous ceux qui l'étudient; il les enveloppe de la force, et aussi de la grâce, de ses réflexions profondes ou piquantes.

Certes, il ne se donne pas pour un modèle de vertu, ni de vertu chrétienne, ni de vertu antique : « Je ne suis ni ange, ni Caton. » Il n'a échappé, ni aux passions, ni aux faiblesses du commun des hommes. Mais, par l'aveu même de ses défaillances morales, si souvent renouvelé dans un livre dont une bonne partie pourrait aussi bien être intitulée les *Mémoires* ou les *Confessions* de Montaigne, il s'imagine qu'il fait œuvre utile. Par des leçons à rebours, pour ainsi dire, il compte corriger les défauts d'autrui, en étalant les siens propres : « Je profiterai, dit-il, à me faire éviter... » — « On s'instruit davantage par fuite des mauvais exemples que par imitation des bons. » Et encore : « Les sages ont plus à apprendre des fols que les fols des sages... »

Quelque insistance qu'il mette d'ailleurs à se défendre de toute prétention dogmatique : « Ceci n'est pas une doctrine; ce sont mes fantaisies, fantaisies informes et irrésolues », — ailleurs il dira « mes fadaises », — il lui arrive pourtant de laisser entendre que ses écrits visent directement à l'amélioration des mœurs humaines, et que, par quelques-unes au moins de ses réflexions, il travaille à l'amendement du prochain. « Combien de fois, étant marri de quelque action que la civilité me prohibait de reprendre à découvert, m'en suis-je ici dégorgé, *non sans dessein de publique instruction ?.. »*

Avant d'exposer les vues particulières de Montaigne sur l'éducation proprement dite, relisons donc les *Essais ;* refaisons connaissance avec l'homme, tel qu'il s'est peint lui-même, et avec les tendances générales de son esprit. Disons ce qu'il a été, ce qu'il a pensé. Traçons enfin une esquisse de son caractère, et un aperçu de sa philosophie.

Il ne s'agit pas de raconter sa vie, peu fertile d'ailleurs en événements (1). Il serait trop long de recueillir ici les résultats des recherches qu'une érudition curieuse a dirigées sur tous les coins et recoins de son existence, sur ses origines familiales, sur ses amitiés, sur son château de Montaigne, même sur la nature de ses infirmités physiques, en un mot sur tout ce qui se rattache de près ou de loin à son intéressante personne. On a tout fouillé et fureté. Et pourtant un des hommes qui, de notre temps, a le mieux étudié et le plus connu les circonstances de la vie de Montaigne, qui a employé trente ans à assembler les matériaux

(1) Montaigne est né au château de Montaigne, en Périgord, le 28 février 1533. Il y est mort, le 13 septembre 1592, d'une esquinancie. Il entra au collège de Guyenne, alors qu'il avait six ans, en 1539. Il en sortit en 1546. A l'âge de vingt-deux ans, en 1555, il fut nommé conseiller à la Cour des aides de Périgueux, puis, en 1557, conseiller au Parlement de Bordeaux. Il résigna ces fonctions en 1570, et se retira jusqu'à la fin de sa vie dans son château. Il ne sortit guère de sa retraite que pour être maire de Bordeaux de 1581 à 1585, et pour faire son voyage en Italie (1580-1581).

Les deux premiers livres des *Essais* parurent en 1580, et le troisième livre, en 1588.

d'un travail d'ensemble resté inachevé, le Dr Payen, écrivait, en 1851, que « sa biographie était encore chose impossible » (1).

Il y reste en effet quelques points obscurs, notamment ce qu'il advint de lui, lorsque, en 1546, à peine âgé de treize ans, il eut achevé ses premières études au collège de Guyenne, à Bordeaux. Il fit alors son droit, dit-on : à Toulouse probablement ; mais cela n'est pas certain.

Si l'histoire extérieure de Montaigne soulève quelques questions non encore résolues, il semblerait que l'histoire de son âme dût être facile à écrire. D'un homme qui s'est décrit avec complaisance, qui disait : « J'ose non seulement parler de moi, mais parler seulement de moi », comment est-il possible que les critiques n'aient pas encore réussi à tracer un portrait définitif ? Comment les jugements qu'ils portent sur lui peuvent-ils être à ce point contradictoires ? Pour les uns, Montaigne est un sceptique, un épicurien, un égoïste, un paresseux ; pour les autres, un rationaliste, un stoïcien, un homme de cœur et de travail. A qui donner raison ? A tous peut-être : car dans la mobilité ondoyante de ses pensées et de ses goûts, Montaigne a été tout cela à la fois. C'est un Protée qui change sans cesse, dont on peut dire, comme Fénelon d'Alcibiade, qu' « il prend toutes les formes les plus contraires ». Son ami La Boëtie ne lui disait-il pas : « Vous êtes un Alcibiade ?... » N'est-ce pas en songeant à son propre caractère que

---

(1) Le docteur Payen a publié sur Montaigne, de 1846 à 1870, une série de brochures. Il a légué à la Bibliothèque nationale plus de 1500 ouvrages relatifs à son auteur favori.

Montaigne déclarait : « Les plus belles âmes sont celles qui ont le plus de variété et de souplesse ? » Il échappe à toute classification. Il n'est pas l'homme d'une forme exclusive, ni le prisonnier d'un système. Il associe dans sa riche nature les qualités les plus opposées. Et ce sont précisément les contrastes perpétuels de son caractère fuyant et mobile qui expliquent en partie les contradictions de ses nombreux critiques.

C'est une des ironies, et comme une dérision, de l'histoire de l'éducation française, que quelques-uns des hommes auxquels nous demandons, et justement, les plus hautes leçons de pédagogie, n'aient pas été eux-mêmes des éducateurs de profession, qu'ils n'aient point pratiqué personnellement l'art dont ils établissaient les principes. Que dis-je ? Ils n'ont pas eu souci d'élever leurs propres enfants, et de remplir consciencieusement leur devoir paternel. J.-J. Rousseau a livré ses fils et ses filles aux hasards des hospices d'enfants trouvés. Montaigne n'a pas été au même degré un père dénaturé, mais il est du moins répréhensible en ceci, qu'il a négligemment porté le deuil de quatre de ses filles, mortes en bas âge : « Elles me meurent toutes en nourrice... »

Que penser d'un père qui, plus auteur que père, préfère avoir écrit un beau livre que revivre dans ses enfants ? « Les enfantements de notre esprit sont plus nôtres. Il est peu d'hommes adonnés à la poésie qui ne se gratifiassent plus d'être pères de l'*Enéide* que du plus beau garçon de Rome ». Avec une désinvolture de mauvais goût, Montaigne affecte de ne pas se rappeler au juste combien d'enfants il a perdus (1) : « J'ai perdu deux ou trois enfants, non sans regrets, mais sans fâcherie. » Du moins, s'est-il occupé de l'éducation de la fille qui lui restait ? Non. « Elle a été élevée par sa mère, dit-il, d'une façon retirée et particulière... Je ne m'empêche aucunement de ce gouvernement. La police féminine a un train mystérieux. Il faut la leur quitter... »

Et si, père insouciant, il n'a pas daigné prendre soin de former l'esprit de sa fille unique, il semble aussi que, mari indifférent, il ait tenu sa femme un peu à l'écart de sa pensée et de son cœur. Ce qu'il lui demandait surtout, c'étaient les vertus d'une bonne ménagère.

« Je requiers d'une femme mariée, au-dessus de toute autre vertu, la vertu économique.,. La plus utile et honorable science et occupation à une mère de famille, c'est la science du ménage (2)... Je vois avec dépit, en plusieurs ménages, monsieur revenir maussade et tout marmiteux du tracas des affaires, environ midi, que madame est encore après à se coiffer et attifer en son cabinet. »

Montaigne l'avoue : il n'était pas fait pour le mariage, pour ce qu'il appelle légèrement « les plaisirs plats » de l'union conjugale. Il avait épousé Françoise de la Chassaigne, à trente-deux ans, en 1565,

(1) On est d'autant plus surpris de cette déclaration un peu leste que Montaigne notait exactement tous les événements de famille, dans un exemplaire des *Ephémérides* de Beuther, qui a été retrouvé. On y voit que sa fille Léonor, la seule qui ait vécu, naquit en 1571 : c'était son deuxième enfant. En 1574 et en 1577, il enregistre la naissance d'une quatrième et d'une cinquième filles, en 1583, d'une sixième fille, qui, comme deux de leurs aînées, moururent à peine âgées de quelques mois.

(2) Je me demande ce que pouvait bien penser de ces aphorismes, que Chrysale n'eût pas désavoués, l'admiratrice de Montaigne, Mlle de Gournay, la femme de lettres qui savait à peine coudre?

pour se conformer à l'usage, pour complaire à ses parents, plutôt que par inclination naturelle. Il y était personnellement si peu disposé que cette boutade lui échappe : « De mon dessein, j'eusse fui d'épouser la sagesse même, si elle m'eût voulu ! »

Sans doute il dira du mariage que c'est « un sage marché », « une des plus belles pièces de notre société » ; mais à cette institution légale Montaigne n'apporte pas son cœur. C'est un principe pour lui que l'amour, le véritable amour, ne saurait trouver place entre époux : « Un bon mariage, s'il en est, refuse la compagnie de l'amour. » Ce n'est plus amour conjugal qu'il faudrait dire : c'est tout au plus amitié conjugale (1).

Si Montaigne ne nous offre rien d'exemplaire, il s'en faut, ni comme mari, ni comme père, en revanche il a été un fils modèle et un héros de l'amitié. Il parle peu de sa mère, il est vrai, auprès de laquelle il a pourtant vécu toute sa vie (2). Mais il aima son père jusqu'à l'adoration (3). Quand il l'eut perdu, en 1568, avec quelle vénération pieuse il parle de lui !.. « Le bon père que Dieu me donna, qui n'a de moi que la reconnaissance de sa bonté, mais certes bien gaillarde... » La piété filiale de Montaigne se manifeste en délicatesses touchantes. Il ne s'habillait guère que de noir et de blanc, en souvenir des usages paternels. Il aimait à se ser-

(1) Il a osé écrire crûment : « Le grand Caton fut aussi bien que nous dégoûté de sa femme. »

(2) La mère de Montaigne, Antoinette de Louppes, d'origine espagnole et juive probablement, survécut à son fils, et ne mourut que dix ans après lui, le 4 avril 1601.

(3) Le père de Montaigne, négociant anobli, avait abandonné le commerce pour le métier des armes : il suivit François Ier en Italie. Il fut successivement jurat, prévôt et maire de Bordeaux.

vir, à se couvrir du vieux manteau de son père, parce qu'ainsi il lui semblait qu' « il s'enveloppait de lui ». Mais surtout, il voulait continuer ses traditions, recueillir son héritage moral, lui obéir toujours, encore qu'il fût mort : « Je me glorifie que la volonté de mon père s'exerce encore et agisse en moi. »

Mais c'est particulièrement dans son affection pour Étienne de la Boëtie, l'auteur du fameux pamphlet, *La servitude volontaire* ou *le Contre un*, que Montaigne a fait voir de quelle ardeur de sentiment son cœur était capable. Relisez la lettre admirable qu'il écrivit à son père sur la mort de son ami, et aussi ce chapitre divin des *Essais* qu'il a consacré à l'amitié. Jamais on n'a parlé en termes aussi pénétrants de la tendresse qui peut unir deux âmes l'une à l'autre, au point qu' « elles effacent et ne retrouvent plus la couture qui les a jointes ». Jamais chant d'amour, dans ses plus ardentes effusions, n'égala cet hymne à l'amitié. « Si on me presse de dire pourquoi je l'aimais, je sens que cela ne se peut exprimer qu'en répondant : « Parce que c'était lui, parce que c'était moi ! » Jamais âmes humaines ne se mêlèrent, ne se confondirent dans une étreinte plus intime et plus profonde. « C'était une fusion, un mélange universel, qui, ayant saisi toute ma volonté, la mena se plonger et se perdre dans la sienne ; qui, ayant saisi toute sa volonté, la mena se plonger et se perdre en la mienne, d'une faim, d'une concurrence pareille... » Un La Rochefoucauld dirait peut-être que l'amour-propre, l'admiration mutuelle, le plaisir personnel d'être estimé et compris, ont joué leur rôle dans cette amitié exaltée et passionnée. Qu'importe, si de cet alliage de sentiments inférieurs se dégage, dans toute sa pureté, la flamme d'une affection sincère, prête à tous les dévouements? Lorsque La Boétie subit les premières atteintes de la maladie qui devait l'emporter à trente-trois ans, — l'âge où mourut Pascal, — il laissa entendre à son ami que son mal pouvait être contagieux, et il l'engagea par suite à s'éloigner, à ne venir le voir que de temps en temps, « par bouffées »... Que fit Montaigne? « Dès ce moment, dit-il, je ne l'abandonnais plus (1)... »

L'amitié de Montaigne pour La Boétie a été la grande passion de sa vie. Ce fut une amitié « entière et parfaite », une amitié « unique et indivisible », chacun se donnant si entièrement à son ami qu'« il ne lui restait rien à répartir ailleurs » ; une amitié exclusive qui dégoûta Montaigne de toutes les autres, « des amitiés vulgaires et communes » ; comme un premier amour, où, l'âme s'étant livrée une fois tout entière, les ressources du cœur semblent épuisées pour la vie. Certes Montaigne a connu d'autres sentiments que celui de l'amitié. Avec une liberté un peu crue, il nous en a fait la confidence. Les aventures galantes n'ont pas manqué à sa jeunesse. Mais « il n'a su rien si bien faire

____

(1) La Boétie mourut le 18 août 1563, d'une dysenterie. Né à Sarlat en 1530, il était de trois ans plus âgé que Montaigne. Nommé conseiller au Parlement de Bordeaux en 1552, il y eut Montaigne pour collègue à partir de 1557, et c'est là qu'ils contractèrent leur fraternelle amitié, fondée sur une parfaite communauté de sentiments. C'est bien à tort, en effet, qu'on a dit : « Comment ces deux amis pouvaient-ils penser si différemment en s'aimant si étroitement? » (Combes, *Étude sur les idées politiques de Montaigne et de La Boétie.*)

qu'être ami » ; et il n'hésite pas à préférer l'ami, « l'ami rare et exquis », à la plus douce des amantes.

> « Ces deux passions sont entrées chez moi, en connaissance l'une de l'autre, mais en comparaison, jamais ; la première, — l'amitié, — maintenant sa route d'un vol hautain et superbe, et regardant dédaigneusement l'autre passer ses pointes bien loin au-dessous d'elle... »

Montaigne n'a vécu que quatre ans dans l'intimité de La Boétie : mais il ne l'oublia jamais. Dix-huit ans après sa mort, au milieu de toutes les distractions de son voyage en Italie, il écrivait dans son *Journal :* « Je tombai en un pensement si pénible de M. de La Boétie, et y fus si longtemps sans me raviser, que cela me fit grand mal. » Et dans les *Essais :*

> « Si je compare toute ma vie aux quatre années qu'il m'a été donné de jouir de la douce compagnie et société de cet ami, ce n'est que fumée, ce n'est qu'une nuit obscure et ennuyeuse. Depuis le jour que je le perdis, je ne fais que traîner languissant, et les plaisirs mêmes qui s'offrent à moi, au lieu de me consoler, me redoublent le regret de sa perte : nous étions à moitié de tout ; il me semble que je lui dérobe sa part... »

Ce n'est pas seulement par les effusions sentimentales de son inconsolable regret que Montaigne a témoigné de la fidélité de son attachement à l'ami disparu. S'il s'est souvent plaint de son défaut de mémoire, « merveilleuse en défaillance », il proteste, — et il l'a prouvé, — qu'il avait au moins la mémoire du cœur. Et en effet il n'a cessé de donner des preuves de sa piété amicale, une piété agissante, en publiant les œuvres de son ami, en prenant sa défense, contre ceux qui, de bonne foi, après avoir lu la *Servitude volontaire*, — ce manifeste républicain, dont Villemain disait qu'il était « comme un manuscrit antique, trouvé dans les ruines de Rome, sous la statue brisée du plus jeune des Gracques », — auraient été tentés de considérer son auteur comme un perturbateur de l'ordre public, comme un révolutionnaire dangereux. Non, soucieux de la mémoire de La Boëtie, le prudent Montaigne ne voulait pas qu'il fût admis que le brillant écrivain qu'il avait tant aimé, duquel il disait que, s'il avait vécu, « il eût été le plus grand homme de son siècle », n'était qu'un révolté et un séditieux. Il ne se lasse pas de répéter tout au contraire qu' « il ne fut jamais un meilleur citoyen, ni plus affectionné au repos de son pays, ni plus ennemi des remuements et nouvelletés de son temps ». Et comme il peut paraître malaisé de justifier ce brevet de sagesse politique délivré à un pamphlétaire, qui, avec une éloquence enflammée, a plaidé la cause de la liberté contre la tyrannie, la cause des peuples contre les rois, qui appelle les fonctionnaires « des mange-peuple » et la religion « le garde-corps des tyrans », Montaigne s'efforce d'atténuer la portée des paroles de La Boëtie ; il cherche les circonstances atténuantes. Le *Contre un* serait une œuvre de jeunesse (1), la déclamation d'un élève

(1) *La Servitude volontaire* fut imprimée en 1576, dans les *Mémoires de l'État de France sous Charles IX*, publiés par Simon Goulart. La Boëtie l'avait écrite à seize ou à dix-huit ans, à ce que dit Montaigne, c'est-à-dire en 1546 ou 1548. Cette dernière date est la plus probable, l'indignation qui anime le jeune écrivain pouvant s'expliquer à la suite des sanglantes répressions que le connétable Anne de Montmorency exerça à Bordeaux, en 1548, au nom de l'autorité royale.

de rhétorique, saturé de la lecture des anciens, à
peine âgé de dix-huit ans, ou même de seize ans,
comme Montaigne, se ravisant, l'affirme dans une
édition postérieure des *Essais*. C'est pour ne pas
compromettre par une publicité nouvelle la mémoire
de son frère d'alliance, à l'imitation de « ceux qui,
cherchaient à troubler et changer ll'état de notre
police », et qui l'avaient déjà fait imprimer « à
mauvaise fin », que Montaigne s'est abstenu d'in-
sérer dans son propre livre le texte du *Contre un*,
et qu'il l'a remplacé par vingt-neuf sonnets plus
inoffensifs, mais qui n'en font pas moins honneur
au talent poétique de La Boëtie (1).

Un cœur, sensible à l'amitié autant que celui de
Montaigne, ne saurait être taxé de froideur. La
blessure de son affection brisée saigna toujours. Il
s'en faut d'ailleurs que, dans l'ensemble de ses actes,
Montaigne ait fait preuve d'insensibilité. Il a recherché, plus qu'il n'a réussi à l'atteindre, l'état
d'indifférence tranquille, l'ataraxie des philosophes.
Je sais bien que sa règle de vie était de souffrir le
moins possible, d'écarter de sa quiétude tout ce
qui pouvait le troubler et l'affliger. Je sais bien
qu'il a dit, avant Montesquieu, que la lecture et
l'étude dissipaient ses chagrins : — « Le commerce
des livres émousse la pointe de la douleur », — et

(1) Voyez, sur ce sujet, une intéressante communication faite à
l'Académie des Sciences morales et politiques, le 30 jan-
vier 1904, par le docteur Armaingaud. D'après M. Armaingaud,
c'est Montaigne lui-même, que La Boëtie avait institué héritier
de ses livres, en sa qualité d' « intime frère et d'inviolable ami »,
qui aurait communiqué à des publicistes protestants le texte de
la *Servitude volontaire*, dont ils furent les premiers éditeurs.
M. Armaingaud croit même que Montaigne aurait ajouté de sa
main plusieurs passages au texte original. Il y a bien des dessous
dans le caractère compliqué de Montaigne.

enfin que, par hygiène autant que par sagesse, il s'efforçait de prendre toutes choses par leur bon côté.

Mais malgré tous ses efforts, la bonté, et même une bonté tendre, subsistait dans son âme. Il se reprochait presque ce qu'il appelait « si merveilleuse lâcheté vers la miséricorde ». — « Je me compassionne fort tendrement des afflictions d'autrui... La vue des angoisses d'autrui m'angoisse matériellement. » — Il ne se défend même pas de quelque sensiblerie, puisque, dit-il, il ne pouvait voir égorger un poulet « sans déplaisir ». Il a de la tendresse, même pour les animaux, ne sait rien refuser à son chien favori ; et, quoique grand chasseur, « il entend impatiemment gémir un lièvre sous la dent de ses chiens ». Un rien le chagrinait : « Une rêne de travers à mon cheval, un bout d'étrivière qui batte mes jambes, me tiennent tout un jour en échec. » Ce sage était un nerveux : le moindre bourdonnement de mouche « l'assassinait ». Mais, ce qui est plus intéressant, il s'affligeait « de l'indigence et oppression du pauvre peuple ». Il a certainement souffert du désolant spectacle des guerres civiles de son temps ; il a ressenti douloureusement les déchirements de son pays. Si, en 1570, dix-huit mois avant la Saint-Barthélemy, il s'est retiré, à trente-sept ans, dans son château, s'il s'est enfermé dans sa tour d'ivoire, c'est qu'il était dégoûté de son siècle, un « siècle gâté », où « la menterie s'imposait », où les différents partis rivalisaient de fourberie et de cruauté, et qu'il ne pouvait se faire à ces mœurs sauvages. Il s'isola, pour ne plus voir de trop près les misères de sa patrie, et ce n'est pas sans raison qu'on a dit que sa retraite faisait penser à celle d'Alceste, fuyant le monde et Célimène, parce qu'il les aimait trop.

Les détracteurs de Montaigne ne l'ont pas plus épargné dans sa vie publique que dans sa vie privée. Il aurait été indifférent aux affaires de son pays, peu soucieux de ses devoirs de citoyen. Ici encore, il y a une légende à détruire. Sans doute il ne semble pas qu'il fût né pour l'action. Il était trop amoureux de son repos, et de ses aises, pour avoir le goût de la vie active, avec toutes les difficultés qu'elle comporte. Il aurait eu cependant l'amour du métier militaire, « le plus noble des métiers ». Et ce goût se manifeste dans le choix qu'il fait de ses trois plus grands hommes : un poète, Homère, et deux capitaines, Alexandre le Grand, qu'il met en ballottage avec César et Épaminondas (1). S'il n'a pas recherché « les hautes fortunes et les commandements », s'il a « fui d'enjamber par-dessus le degré de fortune auquel Dieu logea sa naissance », c'est, il l'avoue, parce qu' « il s'aimait trop ». Certes, il ne méprisait pas les honneurs. Il était fier d'avoir été fait chevalier de l'ordre de Saint-Michel, par le roi Charles IX, en 1571 ; plus fier encore peut-être d'avoir reçu du futur Henri IV, en 1577, le titre de gentilhomme de la chambre du roi de Navarre. Il ne l'a pas avoué dans les *Essais*, mais on sait par son journal de voyage (2) que,

(1) Montaigne a porté les armes. Il a servi comme volontaire à plusieurs reprises, dans les rangs de l'armée royale, contre les troupes huguenotes.

(2) Le voyage de Montaigne dura près de deux ans, du 22 juin 1580 au 30 novembre 1581. Le manuscrit de son journal de voyage a été retrouvé, 180 ans après sa mort, par un visiteur au château de Montaigne, le chanoine Prunis, dans un vieux coffre.

pendant son séjour à Rome, il multiplia les instances et les démarches, pour se faire décerner le titre de citoyen romain, dont il se parait avec orgueil. « J'employai tous mes cinq sens de nature pour obtenir la lettre de citoyen romain. » Il appréciait les dignités purement honorifiques, ce qu'on pourrait appeler les honneurs platoniques, mais il écartait volontiers d'une main dédaigneuse, pour ne pas troubler ses nonchalantes rêveries, les fonctions qui entrainent à leur suite des charges, des corvées importunes et de lourdes responsabilités. Il se démit le plus tôt qu'il le put, dès 1570, de sa magistrature au Parlement de Bordeaux. Et s'il fut élu, en 1581, maire de cette ville, il n'avait nullement sollicité ce mandat, puisque les suffrages de ses concitoyens allèrent le chercher en Italie, où il voyageait depuis un an.

Si Montaigne confesse qu'aux affaires publiques il n'apporta qu' « une affection languissante », n'en concluons pourtant pas qu'il se soit montré inférieur à sa tâche, quand les circonstances l'appelèrent à agir. Le maire de Bordeaux ne manqua ni de dévouement, ni de vigilance. Lisez les lettres qu'il adressait au maréchal de Matignon, lieutenant général pour le roi en Guyenne : on y voit avec quelle sollicitude active il veillait aux intérêts qui lui étaient confiés. Au milieu des agitations de la guerre civile, devant de perpétuelles menaces d'attaque et d'invasion, il a l'œil à tout : il visite les travaux de défense ; il reste debout et aux aguets

---

Il est permis de penser que les héritiers de Montaigne avaient été bien négligents, en oubliant dans la poussière d'un grenier un manuscrit d'un aussi grand prix.

la nuit, quoique « rien ne bouge », afin d'être prêt
à tout événement. « J'ai passé toutes les nuits, ou
par la ville en armes, ou hors la ville, sur le port. »
La preuve qu'il se montra digne de la confiance de
ses concitoyens, c'est que, contrairement à l'usage,
il fut réélu maire, en 1583, pour deux nouvelles
années. Il rappelle, non sans quelque vanité, que
« cela ne s'était vu que deux fois auparavant ». Sa
« langueur naturelle » ne l'avait donc pas empêché
de remplir dignement sa mission.

« Ce peuple, disait-il, je lui veux tout le bien qui se peut,
et certes, si l'occasion y eût été, il n'est rien que j'eusse
épargné pour son service. »

Mais l'occasion y fut, dira-t-on : la peste de Bordeaux, en 1585; et Montaigne aurait alors manqué
à son devoir, en désertant son poste et en abritant
lâchement la sûreté de sa vie contre les dangers de
la contagion. Remettons les choses au point, et
constatons d'abord que Montaigne était absent de
Bordeaux, quand le fléau y commença ses ravages.
Son tort serait de ne pas y être rentré... Mais en
quoi sa présence eût-elle utilement profité aux
malheureux Bordelais, au cours d'une désastreuse
épidémie, qui, au dire des contemporains, coucha
en six mois dans la tombe plus de 14000 vic-
times (1)? Le 30 juillet 1585, Montaigne écrivait de
Libourne aux jurats de Bordeaux :

« Je n'épargnerai, ni vie, ni autre chose, pour votre service,
et vous laisserai à juger si celui que je vous puis faire par

(1) Le chiffre est énorme et paraît exagéré, vu que la popu-
lation de la ville de Bordeaux, à cette époque, n'était guère que
de 40 000 habitants.

ma présence, à la prochaine élection, vaut que je me hasarde d'aller en la ville, vu le mauvais état en quoi elle est. »

Il se mettait donc à la disposition de ses administrés, qui ne le rappelèrent pas, jugeant qu'ils n'avaient nullement besoin de lui. Ajoutons que la peste avait pénétré jusqu'au château de Montaigne, qu'il lui fallut s'enfuir, et que, pendant plusieurs mois, le chef de famille erra de place en place, avec tous les siens, pour échapper à l'épidémie.

« Je fus en très pénible quête de retraite pour ma famille; une famille égarée, faisant peur à ses amis et à soi-même, et horreur, où qu'elle cherchât à se placer : ayant à changer de demeure, soudain qu'un de la troupe commençait à se douloir du bout du doigt;... je servis six mois misérablement de guide à cette caravane... »

Il y a donc quelques excuses à faire valoir en faveur de Montaigne, pour le justifier d'avoir paru se dérober à ses devoirs civiques. Ce qui est vrai, c'est qu'il ne croyait pas qu'il fût obligatoire de courir inutilement après le danger, sans profit pour personne : « Je suivrai le bon parti jusqu'au feu : mais exclusivement, si je le peux. » — « Que Montaigne s'engouffre avec la ruine publique, si besoin est : s'il n'est pas besoin, je saurai bon gré à la fortune s'il se sauve. » Prudence n'est pas lâcheté, et pour se permettre de blâmer Montaigne en cette circonstance, il faudrait pousser l'exigence jusqu'à dire qu'on n'est un honnête homme qu'à la condition d'avoir le goût des sacrifices inutiles et des héroïsmes hors de saison.

Si Montaigne s'est tenu à l'écart, le plus qu'il a pu, des fonctions publiques qui n'étaient pas son « gibier », — comme il disait dans son langage de chasseur, — il ne s'est jamais désintéressé pourtant des événements de son temps et de la fortune de la France (1). Il a été spectateur plutôt qu'acteur dans les tragédies qui se jouaient autour de lui, mais spectateur attentif, attristé, parfois amer et colère dans ses jugements. « Les affaires de ce temps sont trop corrompues pour que je m'en mêle. » Et il se replongeait, non sans quelque impatience, dans la lecture de ses auteurs favoris ; il se rejetait dans la contemplation de la sagesse antique, pour se détourner et distraire des folies présentes, pour oublier ou tâcher d'oublier un temps où « le méchamment faire était si commun ». — « Ce siècle est si dépravé que qui n'est que parricide et sacrilège est réputé homme de bien et d'honneur. » Sa curiosité inquiète ne lui permettait pas pourtant de s'absorber longtemps dans ses méditations studieuses. Du fond de sa « librairie », il suivait le cours des événements. Placé par sa résidence « au centre même de tout le trouble des guerres civiles de France », — son château fut dévasté plusieurs fois par des partis de pillards, — « il se jetait aux affaires de l'État et à l'univers plus volontiers encore quand il était seul », quand il avait le loisir de réfléchir. Il avait des larmes pour l'infortunée Marie Stuart, « la plus belle reine du monde, veuve du plus grand roi de la chrétienté... Elle vient de mourir par la main du bourreau : indigne et barbare cruauté ! »

Quelle fut son attitude au milieu des factions

_____

(1) En 1558, Montaigne était au siège de Thionville. En 1559, il suivait François II à Bar-le-Duc. En 1588, il assistait aux États de Blois, où fut assassiné le duc de Guise.

religieuses ou politiques qui divisaient la France?
Celle d'un bon citoyen, tout au moins d'un fidèle
sujet, dont le loyalisme ne se démentit pas sous
cinq rois successifs, Henri II, François II, Charles IX, Henri III et Henri IV. « Je n'épargnerai, ni
mes soins, ni, s'il est besoin, ma vie, pour conser-
ver toutes choses à l'obéissance du roi. » Ce fut
celle aussi d'un philosophe d'humeur indépendante,
qui juge impartialement et de haut les hommes et
les choses, qui n'abdique jamais les droits de sa conscience, et, se dérobant aux passions violentes, aux
haines furieuses des partis, garde son sang-froid et
traverse, calme et sage, la folie universelle.

Courtisan, Montaigne ne le fut jamais, bien
qu'il ait vécu, de loin en loin, « dans l'agitation
des cours ». Il ne se pliait pas volontiers aux usages des compagnies princières. La cérémonie lui
était odieuse. Il lui déplaisait de « faire anticham-
bre », de se débattre avec un huissier, « misérable
inconnu ». Franc et indépendant, trop peu souple
pour se prêter aux caprices des grands, il n'était
pas homme à approuver tous les actes de la
royauté, « dans un temps troublé et malade, où le
bien public exige qu'on trahisse, qu'on mente et
qu'on massacre ». Il eût volontiers fait sienne la
fière déclaration de La Boëtie : « Soyons obéissants
à nos parents, sujets de la raison, serfs de personne. »
Il disait lui-même : « Esclave, je ne le dois être
que de la raison »; et aussi de la loi. « Les lois m'ont
ôté de grande peine : elles m'ont choisi parti et
donné un maître. »

Et, quel que soit son loyalisme, quand il parle en
toute franchise, il a des paroles dures pour les rois,

qui ne sont après tout que des hommes comme les autres, « des hommes du commun », et même, « à l'aventure, plus vils que les moindres de leurs sujets, dont ils ne diffèrent, par manière de dire, que par leurs chausses ». Devançant Pascal, il disait : « Ce n'est pas ma raison qui se courbe et fléchit devant les grands : ce sont mes genoux. »

Montaigne n'ignorait pas que le devoir d'un citoyen est de ne pas rester neutre dans les querelles nationales : « Ce serait une espèce de trahison de ne pas prendre parti... De se tenir chancelant et métis (1) aux affaires troubles de son pays, je ne le trouve ni beau, ni honnête. » Mais il ne s'est pas conformé absolument à cette règle de conduite. Il était trop libre d'esprit pour s'inféoder à un parti. Il discernait avec une rare clairvoyance les qualités et les défauts, les vertus et les vices, des hommes qui se disputaient le pouvoir. Il savait apprécier les qualités des ducs de Guise, dont il avait été le négociateur secret aux États de Blois, en 1588; il admirait même un peu plus qu'il ne convenait le cardinal de Lorraine, « cette âme fort barbouillée », disait Brantôme, et qu'il considérait, lui, comme « un personnage nécessaire pour le bien public ». Mais, d'autre part, il louait fort Michel de l'Hôpital; il lui rendait visite, en 1571, dans sa retraite du Vignay, lui disant : « Je vous témoigne l'hommage et révérence que je porte aux qualités singulières qui sont en vous. » Il a été en relations suivies avec les puissants du jour, et admis dans leur confidence. Il n'a jamais rien dit à l'un « qu'il

_____

(1) « Métis » est un mot que Montaigne emploie assez souvent pour dire « neutre ».

'n'eût pu dire à l'autre ». Car « rien n'empêche qu'on ne puisse se comporter loyalement entre des hommes qui sont des ennemis ».

Quelles hautes leçons de modération et de mesure nous donne ce philosophe, perdu dans un monde de fanatiques et de sectaires, qui regardait couler le flot des intrigues et des haines d'une vue « moins blessée de passion » que ses contemporains? « Je ne suis pressé de passion, ni haineuse, ni amoureuse, envers les grands, ni n'ai ma volonté garrotée d'offense, ni d'obligation particulière. » Faisons notre profit de ses sages conseils, qui valent pour tous les temps. Montaigne ne consentait pas à ce qu'un homme fût considéré comme un traître, comme un transfuge, parce qu'il se serait permis de critiquer certains actes de ses amis ou d'approuver certaines idées de ses adversaires. Il ne voulait pas d'une obéissance passive qui enrégimenterait les consciences, et qui interdirait toute indépendance d'opinion.

« J'accuse merveilleusement cette vicieuse façon d'opiner : — Il est de la Ligue, car il admire la grâce de M. de Guise ! — L'activité du roi de Navarre l'étonne : il est huguenot ! — Il trouve ceci à dire aux mœurs du roi : il est séditieux !. »

Il arriva à Montaigne ce qui, dans tous les temps, est le sort des esprits impartiaux : c'est qu'il fut mal vu de tous les partis. « Au Gibelin j'étais Guelfe, au Guelfe, Gibelin. » Quelque soin qu'il prît de ne pas se compromettre, puisque, pour éviter les coups, il se serait caché « fût-ce sous la peau d'un veau », il n'y réussit pas toujours. S'il éprouva une surprise dans sa vie, ce fut certainement le jour, en 1588, où il se vit arrêté et emprisonné quelques heures à la Bastille par les partisans du duc de. Guise (1).

Montaigne était de ceux qu' « étonnait l'activité du roi de Navarre ». Au temps de son administration municipale, le 19 décembre 1584, il le reçut, non sans pompe, avec toute sa cour, dans son château du Périgord. Il n'attendit pas sa conversion pour souhaiter et espérer son triomphe En 1590, il lui écrivait : « Lors même qu'il me fallait m'en confesser à mon curé, je ne laissais de voir aucunement de bon œil vos succès ; à présent, je les embrasse de pleine affection. »

Mais, quelle que fût sa déférence pour la personne des rois, Montaigne ne renonçait pas à leur parler librement et à leur donner des avis. Quel beau langage il tenait, par exemple, à Henri IV? Avec quelle hauteur de vues politiques il l'encourageait à la clémence, lui rappelant que « les inclinations des peuples se manient à ondées », et qu'il suffirait que « la pente du dévouement populaire fût une fois prise en sa faveur, pour qu'elle s'emportât de son propre branle jusqu'au bout? » A l'égard des révoltés et des mutins, il demandait que le vainqueur, en pleine victoire, les traitât « avec plus de soulagement que ne faisaient leurs protecteurs eux-mêmes ». Et il terminait cette esquisse de l'éducation d'un prince, en souhaitant à Sa Majesté qu' «elle fût plutôt chérie que crainte de ses peuples ».

Montaigne tient la nature humaine en très médiocre estime. S'il veut qu'on s'étudie, qu'on se

(1) Il fut immédiatement relâché par ordre de Catherine de Médicis.

« sonde » soi-même, c'est en partie pour qu'on reconnaisse « combien toute notre contexture est bâtie de pièces faibles et défaillantes ». Il me semble, ose-t-il dire, que nous ne pourrons jamais « être assez méprisés selon notre mérite ».

> « De toutes les opinions que l'ancienneté a eues de l'homme en gros, celles que j'embrasse le plus volontiers, ce sont celles qui nous méprisent, avilissent et anéantissent le plus, »

Il voit dans l'homme beaucoup de malice et de sottise, et encore plus de sottise que de malice. On croirait entendre un Schopenhauer, ou un Nietzsche. Et s'il englobe l'humanité tout entière dans un universel mépris, celle de son temps lui déplait particulièrement. Ennemi du mensonge, il lui répugne de voir que « la feintise et la dissimulation », vices qu'il hait « capitalement », soient devenues « les plus notables qualités d'un siècle dépravé ». Rousseau opposera les vertus de l'homme de la nature aux vices de l'homme civilisé. Montaigne n'y contredirait pas, mais il placerait plutôt l'âge d'or à Athènes et à Rome, chez les anciens, qu'il juge supérieurs aux modernes.

> « Nous n'avons pas, dit-il, leur vigueur d'esprit... Notre volonté est bien aussi gâtée que la leur, mais notre suffisance ne peut arriver à les atteindre, ni en raffinements voluptueux, ni aux parties vertueuses. »

Où Montaigne est de son temps et en épouse les préjugés, c'est dans son opinion sur les femmes. Il obéit encore à l'erreur qui subordonne la vie de la femme à celle de l'homme, et la considère comme une vassale. Excusons-le : deux cents ans plus tard, Rousseau pensera de même. Montaigne ne rêve pour elle que la royauté de la beauté, la souveraineté incontestée du charme et de la grâce. « Le vrai avantage des dames, c'est la beauté. » Il s'occupe beaucoup d'elles, d'ailleurs, et dans l'*Essai* intitulé : *Des trois commerces*, — les hommes, les livres, et les femmes, — il disserte longuement sur les fréquentations féminines. Dans ses voyages, s'il observe curieusement toutes choses, il s'en faut qu'il néglige de regarder les femmes ; et, dans toutes les villes où il passe, il note soigneusement leurs costumes et leurs parures ; il classe les degrés de leur beauté. Il estime, par exemple, qu'en Italie il n'y a pas autant de femmes belles qu'en France, mais qu'il y en a moins de laides. A Rome, il visite même les femmes légères. Comme Socrate, il fréquente chez Aspasie, ayant soin de nous rassurer, en nous avertissant qu'il ne cherche auprès des courtisanes que « la simple conversation » : précaution oratoire qui n'est peut-être pas inutile, de la part d'un homme qui avouait avoir connu « toutes les rages de l'amour », et qui avait besoin de se tenir sur ses gardes, « étant de ceux en qui le corps parle beaucoup ».

Mais, quelque sensible qu'il fût aux attraits du sexe, Montaigne s'est presque toujours montré injuste dans ses appréciations sur ses aptitudes intellectuelles, aussi bien que sur sa valeur morale. Il enferme les femmes dans un monde à part, celui « de leurs propres et naturelles richesses » ; il refuse de les associer aux œuvres viriles, et ne les croit pas aptes aux travaux de l'esprit. Avant Molière, il les juge assez savantes, quand « elles savent mettre différence entre la chemise et le pourpoint de leurs maris ». C'est de leur caractère, non moins que de leur intelligence, qu'il aime à médire. Voyez le début du chapitre intitulé : *De trois bonnes femmes.* Il n'en connaîtrait donc que trois, malgré sa grande érudition ? « Il n'y en a pas à la douzaine, dit-il, et notamment aux devoirs du mariage... »

Il n'admettait même pas que la femme fût capable d'amitié, ce sentiment « duquel, disait-il, je suis expert ».

« Ce sexe, par nul exemple, n'y est encore pu arriver... La suffisance ordinaire des femmes n'est pas pour répondre à cette conférence et communication, nourrice de cette sainte couture ; ni leur âme ne semble assez ferme pour soutenir l'étreinte d'un nœud si pressé et si durable. »

Et il est plaisant de voir notre philosophe, pour corroborer son opinion, invoquer l'autorité des anciens : « Par le commun consentement des écoles anciennes, ce sexe est rejeté de la participation à l'amitié. »

Les femmes, à ce point disgraciées dans l'esprit de Montaigne, auraient bien le droit de se fâcher. Mais il ne faut jamais se brouiller avec lui, pour une parole trop vive, pour un jugement trop dur auquel il se sera risqué. Il est homme à retirer, à démentir ce qu'il a avancé. Dans l'ondoiement perpétuel de sa pensée, il n'y a jamais rien de définitif. Voici qu'après avoir si défavorablement apprécié les femmes, par un de ces revirements qui lui sont familiers, il se ravise, en d'autres passages des *Essais*, et il leur rend pleine justice. On aime à lui entendre dire que « c'est une vaine arrogance des hommes de prétendre sur elles à une vague prééminence de valeur et de vertu ». On croirait écouter un féministe moderne, quand il déclare que « les femmes n'ont pas tort du tout, quand elles refusent les règles de vie qui sont introduites au monde, d'autant que ce sont les hommes qui les ont faites sans elles ». Ce contempteur du sexe en vient jusqu'à dire : « Les mâles et les femelles sont jetés au même moule : sauf l'institution et l'usage, la différence n'y est pas grande... » Et il insiste :

« Si les femmes arrivent moins souvent que les hommes aux degrés de l'excellence, c'est merveille que ce défaut de bonne éducation ne fasse pis. Se trouve-t-il plus de différence des hommes à elles que d'elles à elles-mêmes, selon l'institution qu'elles ont reçue, selon qu'elles ont été élevées en ville ou village, et selon les natures ? Pourquoi la bonne façon de les nourrir ne pourrait-elle arriver à remplir l'intervalle qui se trouve entre les entendements des hommes et les leurs ? »

Donc, pour devenir l'égale de l'homme, la femme n'attend qu'une « nourriture », une éducation meilleure ; et il est à regretter que Montaigne, qui se rendait si bien compte qu'elle était nécessaire, n'ait pas pris la peine d'en tracer le plan.

Si le bon sens de Montaigne n'avait pas suffi à lui dicter cette rétractation, il est vraisemblable que, dans ses dernières années, l'amitié de Mlle de Gournay aurait contribué à modifier, à adoucir la sévérité de ses jugements sur la femme. La dévotion que lui voua celle qu'il appela « sa fille d'alliance », et qui se trouvait « glorifiée et béatifiée » par ce titre, le toucha au vif. Il avait de l'amour-propre ; et, quoiqu'il dise lestement de son livre qu'il ne servira qu'à « empêcher quelque morceau de beurre de se fondre au marché », il se doutait bien un peu de la valeur des *Essais*. Sa vanité d'auteur fut agréablement chatouillée par l'admiration naïve d'une demoiselle de vingt ans, qui, dans son style emphatique et un peu étrange, disait des *Essais* qu'ils étaient « le trône judicial de la raison, le hors de page des esprits, la résurrection de la vérité (1) ». Devant cette explosion de sympathie féminine, Montaigne fut ravi, et un peu confus. « Que femme, et en ce siècle, et si jeune, elle l'ait à ce point compris et porté aux nues », cela dérangeait évidemment sa conception dédaigneuse de l'intellect féminin. « La véhémence fameuse dont elle m'aima et me désira longtemps », — elle n'entra en rapports avec lui qu'en 1588, quatre ans avant qu'il mourût (2), — lui parut être « un accident de très digne considération » ; notez pourtant qu'il dit un « accident », comme s'il persistait à exclure les femmes de la participation à l'amitié. Il l'admit du moins dans la sienne, jusqu'à dire : « Je ne regarde plus qu'elle au monde... C'est une des meilleures parties de mon propre être... »

Montaigne a vécu dans le commerce des livres. Il a été avant tout un liseur. Sa bibliothèque, assez bien garnie d'un millier de volumes, était belle, dit-il, « entre les librairies de village ». Il ne voyageait jamais sans livres, ni en paix, ni en guerre. C'est la meilleure « munition » qu'il eût trouvée en cet humain voyage. C'est dans sa chambre de

(1) En 1635, Mlle de Gournay, toujours fidèle à la mémoire de Montaigne, publia une nouvelle édition des *Essais*.

(2) Il y eut non seulement échange de correspondance, mais échange de visites entre Montaigne et Mlle de Gournay. Il alla la voir à son château de Picardie, en 1588. Et Mlle de Gournay lui rendit visite, à Montaigne.

travail qu'il a passé « la plupart des jours de sa vie, et la plupart des heures de chaque jour ».

Il ne s'est pas contenté de lire beaucoup : il a apprécié ce qu'il lisait. On peut dire qu'il a été le créateur de la critique littéraire ; et il serait aisé aussi de composer un art d'écrire, en réunissant divers passages épars dans les *Essais*.

La perspicacité de son goût littéraire est rarement en défaut. Il ne s'est guère trompé que dans son jugement sur Rabelais, quand il range le *Gargantua* parmi les livres « simplement plaisants », entre le *Décaméron* de Boccace et les *Baisers* de Jean Second. Son érudition était des plus étendues, bien qu'il se donne toujours pour un ignorant. Il est vrai qu' « il n'entendait rien au grec », bien inférieur en cela à quelques-uns de ses contemporains, à Henri de Mesmes, qui pouvait réciter Homère d'un bout à l'autre, et aussi à La Boëtie, qui avait traduit en français la *Ménagerie*, c'est-à-dire l'*Économique*, de Xénophon. Mais il possédait à fond la langue latine, l'ayant apprise dès sa naissance comme une autre langue maternelle : « Je l'entends mieux que le français. » Dans sa jeunesse, il avait composé pas mal de vers latins ; dans sa maturité même, quand il était en colère ou vivement ému, ce sont des mots latins qui lui venaient les premiers sur les lèvres. Il savait l'italien, comme il l'a montré en rédigeant en cette langue une partie de son journal de voyage. Il savait l'espagnol, étant le lecteur assidu des livres publiés en Espagne sur la découverte du nouveau monde.

On a prétendu reconnaître en Montaigne la prédominance du génie latin. Ce n'est pas tout à fait exact, puisqu'il n'aimait pas Cicéron, et que c'est en Grèce qu'il allait chercher ses trois plus grands hommes : Homère, Alexandre et Épaminondas. Et s'il en eût choisi un quatrième, c'eût été peut-être Socrate : « Quand il parle de Socrate, dit Émerson, pour une fois sa joue se colore, et son style s'élève jusqu'à la passion. »

Montaigne aimait la poésie d'une « inclination particulière ». A sept ou huit ans, au collège, il lisait déjà avec transports les vers d'Ovide. Il enfila tout d'un trait Virgile, et puis Térence, et puis Plaute. On lui a reproché à tort d'avoir une préférence pour la littérature de la décadence romaine. Il est vrai qu'il estimait Lucain ; mais il plaçait au-dessus de lui, de bien loin au premier rang, Virgile, Lucrèce, Horace et Catulle, sans oublier Térence, et Martial. C'est Lucrèce qu'il cite le plus souvent ; et c'est Virgile qu'il admire le plus, surtout dans les *Géorgiques*, « le plus accompli ouvrage de poésie », et dans le cinquième livre de l'*Énéide*, « le plus parfait de tous ».

Les historiens, les philosophes et les moralistes étaient aussi parmi ses auteurs favoris. Il se plaisait peu à la lecture des orateurs ; et, quoiqu'il dise de Cicéron que « jamais homme n'égala son éloquence », il jugeait sa façon d'écrire « ennuyeuse » ; il va jusqu'à dire qu'il n'y a trouvé que « du vent ». Il relisait Tacite avec délices, louait César avec une prédilection marquée. Mais ses livres de chevet, avant tous les autres, étaient Sénèque et Plutarque : Plutarque, surtout, « notre Plutarque », depuis qu'il était devenu français dans la traduction d'Amyot, auquel Montaigne donnait la palme « sur tous les écrivains français ».

« Nous autres ignorants, nous étions perdus, si la traduction de Plutarque ne nous eût relevés de ce bourbier. »

Entre autres raisons, pour lesquelles « Plutarque est son homme », il donne celle-ci : c'est que son œuvre est faite de « pièces décousues » ; on peut « le quitter quand il vous plaît; il n'exige pas l'obligation d'un long travail soutenu ». N'est-ce pas aussi une des raisons qui ont fait le succès et la popularité des *Essais ?*

Un des traits distinctifs du caractère de Montaigne, c'est la curiosité, une curiosité qui va jusqu'au commérage. Il est friand d'anecdotes, de particularités, plus encore peut-être que d'idées générales. Il recueille de menus faits dans son voisinage, à Toulouse, à Bergerac, aussi bien que chez les écrivains de Rome et d'Athènes. Dans les villes qu'il traverse, il ramasse les histoires, les contes qui courent.

Si l'on veut connaître à fond Montaigne, son journal de voyage n'est pas un document à négliger. Dans les *Essais*, quelque ennemi qu'il soit de l'artifice, c'est tout de même un auteur qui compose son visage devant un miroir. Dans ses notes de voyage, prises précipitamment au jour le jour, il se montre à nu, « à cru », comme il disait, et sous des aspects inattendus. Les voyages en effet, avec l'imprévu et la nouveauté des spectacles qu'ils offrent aux yeux, suscitent des impressions inédites; ils mettent en mouvement des facultés que la routine de la vie ordinaire laissait inactives. En

Italie, Montaigne nous découvre combien son âme, quoi qu'il en dise, était ouverte aux nouveautés, avec quelle aisance elle se pliait aux mœurs de l'étranger. C'était une âme universelle, ouverte et prête à tout, plus « instruisable » encore qu'instruite, une âme cosmopolite, pour ainsi dire, cosmopolite jusqu'à la cuisine, puisqu'il regrettait de n'avoir pas amené avec lui son maître d'hôtel, afin de lui apprendre la cuisine italienne...

Le voyage de Montaigne fut sans doute une satisfaction donnée à son goût pour l'exploration et la découverte : « Nous sommes ici-bas à quêter la vérité : le monde est une école d'inquisition. » Mais c'était avant tout un voyage à la poursuite de la santé, un pèlerinage médical à travers les stations thermales. Qu'on ne lui parle pas de gloire, de richesse, de pouvoir : « La santé, de par Dieu ! » Il s'arrête moins longuement, à Rome ou à Florence, devant les chefs-d'œuvre de l'art, qu'il ne séjourne aux bains Della Villa, près de Lucques, pour tenter d'y ressaisir les forces physiques qui lui échappent (1). Je sais bien qu'avec son ironie habituelle il se moque des vertus prétendues de ces eaux miraculeuses, « qui guérissent de toutes les maladies » ; mais il en use tout de même, il en abuse. Partout où il y a une source, sans s'inquiéter de savoir quelle est la nature de ses eaux, il accourt, et il se baigne, et il boit : il boit immodérément, avec frénésie, jusqu'à neuf verres par

____

(1) Montaigne avait fréquenté aussi les stations thermales de France, Bagnères-de-Bigorre, les Eaux-Chaudes, Dax, etc. Voyez l'étude du docteur Constantin James, *Montaigne, ses voyages aux eaux minérales*, Paris, 1859.

jour à Plombières, sept verres à Bade ou à Lucques...

« Combien je suis peu laborieux ! » disait Montaigne. Faut-il donc le considérer comme un paresseux ? Oui, si c'est être paresseux que se déplaire à un travail régulier, et fuir tout effort pénible. Du jeu d'échecs même il disait : « Je le hais, parce qu'il n'est pas assez jeu. » Non, s'il est vrai que l'esprit actif, toujours en éveil et d'une curiosité sans cesse excitée, d'un homme qui aimait les voyages parce qu'il y trouvait une perpétuelle « exercitation », ne peut être taxé de paresse.

Est-il plus juste de lui reprocher de n'avoir été qu'un égoïste ? Ici encore on peut plaider le pour et le contre, en s'appuyant sur les déclarations mêmes de Montaigne. Son avocat pourrait rappeler, pour le défendre, les passages des *Essais* où il dit qu'il est sociable jusqu'à l'excès, que nul plaisir n'a de saveur pour lui « sans communication ». « Ma forme essentielle, disait-il, est la tendance à la communication. » Il aimait la conversation comme un exercice de l'âme, sans autre fruit ; conversation où tout devait être mêlé de bonté, de franchise, de gaieté et d'amitié.

Mais, en revanche, combien d'aveux qui nous le montrent uniquement préoccupé de son bonheur personnel, considérant que le premier devoir de l'homme est d'être heureux ?

« Il faut n'épouser rien que soi... La plus grande chose du monde, c'est de savoir être à soi... Il nous faut réserver une arrière-boutique, toute nôtre, toute franche, en laquelle nous établissions notre vraie liberté, où l'en puisse discourir et rire, comme si l'on n'avait, ni femme, ni enfants, ni biens. »

L'état que Pascal réalisait dans sa vie par dévotion, par mysticisme, par amour de Dieu, — un état de renonciation aux affections humaines et de repliement sur soi, — Montaigne y est arrivé par un autre chemin, par amour de lui-même. « Le moi est haïssable », disait Pascal ; le moi est notre tout, n'est pas loin de penser Montaigne. Et partant de ces principes contradictoires, les deux moralistes aboutissent cependant à une même conclusion pratique : une sorte de cénobitisme, religieux chez l'un, laïque chez l'autre.

L'égoïsme de Montaigne n'est au fond qu'un besoin d'indépendance, poussé à ses extrêmes limites. Il a voulu s'appartenir. Toute obligation, toute liaison lui est odieuse. Il hait mortellement la servitude et la sujétion.

« Les princes me font assez de bien, quand ils ne me font pas de mal ; c'est tout ce que je leur demande. »

Il est l'ennemi de toute assiduité, de toute contrainte.

« J'ai pris en haine mortelle d'être tenu, ni à autre, ni par autre que moi. »

Les affaires domestiques, pour être moins importantes que les affaires publiques, ne lui sont pas moins importunes ; il les appelle « un office servile ». Il veut que son contentement dépende de lui seul. Il aime tant à se décharger de toute sujétion, à se « désobliger », que parfois il a compté à profit les ingratitudes de ceux auxquels il avait rendu service, parce qu'elles le dispensaient d'un nouvel effort pour renouveler ses bons offices.

S'il admet qu'on agisse pendant qu'on est jeune, et qu'on donne au monde « son âge plus actif et fleurissant », il veut qu'on s'en déprenne vite, et que, de bonne heure, « on prenne congé de la compagnie ».

« C'est assez vécu pour autrui : vivons pour nous au moins ce bout de vie, vivons en recherchant nos aises. »

Un autre défaut de Montaigne, c'est un peu de vanité. Il est fier d'avoir des armoiries. Il se rengorge, quand il dit : « Je porte d'azur semé de trèfle d'or, etc. » Il enregistre avec satisfaction les politesses que lui font, comme à un étranger de distinction, les magistrats et les notables des villes qu'il visite. Dans les hôtelleries où il loge, il fait appendre sur les murs extérieurs les écussons de ses armes. Il parle avec vanité de ses ancêtres, de son château : « C'est le lieu de ma naissance et de celle de la plupart de mes ancêtres », et il les présente comme des gentilshommes de vieille souche, eux qui n'étaient que de riches marchands de harengs, au dire de Scaliger (1).

Ne laissons pas croire pourtant que c'est par vanité qu'il a tant parlé de lui. C'est sans arrière-pensée d'orgueil, et au risque de se compromettre dans l'opinion de ses lecteurs, qu'il nous renseigne, avec une minutieuse complaisance, sur ses habitudes les plus intimes. Il désobéit à la maxime antique : « Cache ta vie. » Il trace son portrait physique : il parle de ses fortes moustaches, de sa taille moyenne et « ramassée », ajoutant que la beauté

____

(1) Scaliger avait été élève du collège de Guyenne, quelques années après Montaigne.

de la taille est la seule beauté des hommes, et qu'il n'y pouvait prétendre. Mais c'est surtout le moi moral qu'il dessine. « Le sot projet, dit Pascal, qu'a eu Montaigne de se peindre lui-même. » On peut riposter, avec Voltaire, que ce fut au contraire « un charmant projet » ; et surtout avec Bernardin de Saint-Pierre : « J.-J. Rousseau et Montaigne, quand ils parlent d'eux, je trouve qu'ils parlent de moi. » Si Montaigne a rencontré tant de faveur, c'est que presque tous les hommes se reconnaissent en lui, avec leurs faiblesses et leurs défauts. Il a avoué les siens avec une si tranquille franchise, qu'il nous semble que son exemple excuse les nôtres. En tout cas, on ne saurait lui reprocher de se faire valoir outre mesure, de chanter ses louanges, puisqu'il est plutôt porté à se décrier : « Je ne suis qu'un oison. » De sa mémoire, il dira, non sans nous surprendre, qu'il en manque complètement ; de ses autres facultés, qu'elles sont « viles et communes ». Dans sa coquetterie de fausse modestie, il va jusqu'à dire : « Tout est grossier en moi ; il y a faute de gentillesse et de beauté. »

A l'en croire, il n'aurait été qu'un écolier médiocre, « le plus lourd et le plus plombé, le plus long et dégoûté à une leçon, non seulement que tous ses frères, mais que tous les enfants de sa province » ; et cela, aussi bien pour les exercices du corps que pour les exercices de l'esprit.

On a souvent célébré la modération de Montaigne, et il est certain qu'il est avant tout un homme de juste milieu. Par là, il est bien le représentant de l'esprit français, du vieil esprit français tout au moins, de ce sens exquis de la mesure que nous désapprenons peu à peu. Il est modéré jusque dans la sagesse :

« Sur mes vieux ans, je me défends de la tempérance, comme autrefois de la volupté. La sagesse a ses excès et n'a pas moins besoin de modération que la folie. Il peut y avoir excès en la vertu, et ce n'est plus vertu, si excès y est. »

Même dans ses sentiments les plus vifs, il se réserve ; il ne se donne pas tout entier ; il « ménage sa volonté ». Voluptueux, il faut bien l'avouer, puisqu'il disait : « La moindre occasion de plaisir que je puis rencontrer, je l'empoigne ; » — et encore : « Moi qui n'ai autre fin que vivre et me réjouir », — il cherchait pourtant à éviter les tentations ; il se défendait contre les passions. Dans sa jeunesse, il luttait contre le progrès d'une inclination amoureuse, quand « il la sentait trop s'avancer sur lui ». Il ne laissait pas son sentiment s'enflammer, au point qu'il le captivât « à sa merci ». Il arrêtait sa volonté, dès qu'elle « se prenait avec trop d'appétit ». Ce n'est pas qu'il engageât directement la lutte : l'effort lui était pénible. Mais il rusait et il biaisait avec la passion naissante ; il cherchait dans des diversions le moyen d'affaiblir le désir qui menaçait de le tyranniser.

Ce sage esprit de modération, qui caractérise Montaigne, ne va pourtant pas jusqu'à lui interdire les colères et les emportements, les haines vigoureuses. Quelque assagi qu'il soit par l'étude et la méditation, son tempérament gascon reprend parfois le dessus, avec toute sa vivacité. Certes, il n'est pas modéré, lorsque, avant Molière et avec plus d'âpreté, il couvre de ses railleries et

de ses invectives la médecine et les médecins, et
« leurs trognes magistrales ». — « Le soleil éclaire
leurs succès et la terre cache leurs fautes... Ils me
tuèrent un ami qui valait mieux qu'eux tous tant
qu'ils sont. » — Il n'est pas modéré, quand il attaque,
avec une ironie mordante, le pédantisme et la
fausse science ; quand il appelle la philosophie
« un tintamarre de cervelles ». Il ne l'est pas surtout, il se laisse entraîner à pleines voiles, lorsque,
avec un acharnement et une fougue dont le louait
Pascal, il gourmande impitoyablement la raison
humaine dans ses contradictions, la froisse invin-
ciblement par ses propres armes, se révolte contre
ses prétentions à la certitude, et met l'homme,
« par grâce, en parallèle avec les bêtes ».

Si, dans son réquisitoire contre la raison, Montaigne se prévaut des contradictions des opinions
humaines : « Il ne fut jamais au monde deux
opinions pareilles ; » — il aurait pu tout aussi bien
invoquer, à l'appui de sa thèse, les indécisions de son
propre esprit et de sa pensée toujours vacillante.

« *Distinguo* est le plus universel membre de ma logique...
Il se trouve autant de différence de nous à nous-mêmes que
de nous à autrui... Toutes les contrariétés se trouvent en
moi : honteux, insolent ; chaste, licencieux ; bavard, taci-
turne ; laborieux, délicat (il ne dit point paresseux) ; ingénieux, hébété ; chagrin, débonnaire ; menteur (quand il
parlait, par exemple, des nobles origines de sa famille), véritable ; savant, ignorant ; et libéral, et avare, et prodigue. »

Et l'on pourrait ajouter quelques traits encore :
sceptique et crédule, indifférent et passionné,
casanier et voyageur... Il y a de tous les hommes
en Montaigne. Il a senti tous les mouvements de

la nature humaine. Et de lui du moins est vrai ce qu'il disait des autres hommes : « Chaque homme porte en lui la forme entière de l'humaine condition. » -

Avec Montaigne, il faut toujours être sur ses gardes, et se défier de ses affirmations, même les plus nettes. Vous avez enregistré une de ses opinions, et des plus fortement motivées. Voilà donc, dites-vous, ce qu'il pense définitivement : et vous allez le féliciter ou lui donner tort. Ne vous pressez pas de le faire : car, si vous tournez le feuillet, vous trouverez peut-être une conclusion différente, et même contraire, sur le même sujet, exprimée avec la même apparence de conviction ; au point qu'il vous paraîtra impossible que des idées si opposées « soient parties de même boutique ». Rien de plus déconcertant que cette allure incertaine d'une pensée toujours fuyante, « remuée par le vent des accidents », et qui ne se fixe jamais.

Considérons pourtant que l'indécision ondoyante des jugements de Montaigne a sa source dans quelques-unes des qualités de son esprit : d'abord la fougue de son imagination : « J'aime l'allure poétique à sauts et à gambades... Mon style et mon esprit vagabondent de même ; » — ensuite et surtout sa subtilité pénétrante, sa curiosité inquiète, qui lui fait tourner et retourner en tous sens le même sujet, pour le mieux approfondir. Bon pour les esprits superficiels de ne point varier. Une fois qu'ils ont saisi la réalité par un bout, ils s'y tiennent. Le jugement sommaire que leur a dicté une aperçu rapide de l'objet qu'ils étudient, ils n'en démordent plus. Montaigne qui creuse et qui fouille, qui fait le tour des idées, qui examine les choses sous toutes leurs faces, et qui revient souvent sur la même question, en voit apparaître tour à tour les divers aspects. Au fond, les contradictions de Montaigne ne sont que la conséquence de la complexité même des questions qu'il se pose, le reflet d'un monde qui n'est que « variété et dissemblance ». — « Je me contredis, mais je ne contredis pas la vérité. »

Mettons aussi que les contradictions de Montaigne proviennent de l'inconsistance d'un caractère qui associait tous les contrastes. Il blâmait ceux qui sont toujours esclaves d'une même inclination ; et, dans son langage expressif, il disait « qu'il louerait volontiers une âme à divers étages, qui sache se tendre et se démonter ». La souplesse de son esprit allait jusqu'à l'incohérence. A un endroit, il dira de Socrate qu'il est « le plus digne homme d'être connu et présenté au monde pour exemple » ; et ailleurs il célébrera Alcibiade, et « sa vie, la plus riche à être vécue ». Dans le même chapitre, il parlera, comme un saint homme, « de la Providence divine qui permet son Église être agitée de tant d'orages pour éveiller les âmes pieuses » ; et, quelques lignes plus loin, il racontera longuement ses propres aventures galantes.

L'inconsistance du caractère de Montaigne ne va pas sans une certaine légèreté. Il avait trop d'imagination. « En l'usage de notre esprit, pour la plupart, nous avons besoin de plus de plomb que d'ailes. » — « Peu de chose, disait-il, nous divertit et détourne, parce que peu de chose nous tient. » Il était prompt à se détacher, parce qu'il ne s'attachait fortement à rien. On a le chagrin de constater que, même dans la profonde douleur où le plongea la perte de La Boëtie, il chercha tout de suite une diversion :

« Je fus autrefois touché d'un puissant déplaisir : pour me distraire, je me fis par art amoureux. L'amour me soulagea du mal qui m'était causé par amitié. »

Les *Essais* ont des leçons pour tous les âges, on vient de le voir ; et elles ne sont pas toujours des meilleures. Ils en contiennent d'excellentes pour la vieillesse. Or, il est à remarquer que Montaigne se croyait engagé « dans les avenues de la vieillesse », alors qu'il n'avait que quarante ans. Dès lors il n'était plus, à ce qu'il disait qu' « un demi-être ». En 1582, à cinquante ans, pendant qu'il écrivait le troisième livre des *Essais*, il disait : « Je tire vers le flétri et le rance. » Mais quel vieillard allègre et souriant, s'étudiant à maintenir, à travers les infirmités de l'âge et devant les approches de la mort, sa bonne humeur et sa gaieté ! Dieu le garde de ressembler à ceux dont l'âme, en vieillissant, « sent l'aigre et le moisi » ! Repassant par le souvenir sa longue félicité passée, il ne se consume pas en regrets stériles : « Ni je ne plains le passé, ni je ne crains l'avenir. » Il s'estime heureux d'avoir poussé si loin sa carrière : « J'ai vu l'herbe et les fleurs, et le fruit, et en vois la sécheresse. » Ah ! sans doute, ce pauvre homme, comme il dit, qui « s'en va de grand train vers la ruine », regrette bien un peu le temps de sa jeunesse, pleine de verdeur et de force. Lisez plutôt le chapitre *Sur des vers de Virgile*, qui serait plus exactement intitulé *l'Art d'aimer* ou *les Confessions d'un don Juan* (1). Si Montaigne a quelque peine à prendre congé des plaisirs du jeune âge, il en recherche d'autres, et il devient gourmand : « J'apprends à choisir le goût du vin et des sauces. » Ce qui vaut mieux, il veut rester jeune par l'esprit : car le privilège de l'esprit est de « se ravoir », de s'affranchir des atteintes de la vieillesse : « Que mon esprit verdisse, qu'il fleurisse, s'il peut, comme le gui sur un arbre mort... » Il est vrai qu'ailleurs il avouera mélancoliquement que la vieillesse « nous attache plus de rides à l'esprit qu'au visage ».

Il ne redoutait pas la mort, dont il disait, en jouant sur les mots, qu'elle est « non le but, mais le bout de la vie » ; et ailleurs, qu'elle est « le dernier acte de la comédie ». Même « parmi les danses et les jeux », dans sa jeunesse, il pensait déjà à la mort. Un de ses admirateurs, Juste-Lipse, ne se trompait pas, quand il écrivait à Mlle de Gournay, — en la priant de le considérer désormais « comme son frère », — que leur père adoptif « avait dû accueillir la mort avec cet enjouement qui lui était naturel ». On est, du reste, tout surpris que l'idée de la mort se présente si souvent à l'esprit de Montaigne, comme une obsession qui le hante. Il y revient sans cesse, non pour s'en émouvoir, mais pour « s'apprivoiser à elle ». — « N'ayons rien si souvent en la tête que la mort. » Il veut, dit-il, « se concilier, s'accointer » à la mort. Ses souffrances l'aident à s'y préparer, à faire ce que nous pourrions appeler l'éducation de la mort. Il

(1) Scaliger disait que ce chapitre devrait être intitulé : *Coq-à l'âne.*

note avec une précision méticuleuse les impressions qu'il avait ressenties, un jour qu'il s'était évanoui, étant tombé de cheval ; et il conclut, d'après cette demi-expérience, que le passage de vie à trépas n'est peut-être pas aussi douloureux qu'on se l'imagine.

« Peut-être la mort ne vaut-elle pas la peine que je prends, et tant d'apprêts que je dresse, et tant de secours que j'appelle et assemble pour en soutenir l'effort. Je puis déloger, quand il plaira à Dieu, sans regret de chose quelconque. »

La mort qu'il souhaite est une mort soudaine : « La mort est la meilleure pour n'être pas longue. » Ce n'est alors, dit-il presque gaiement, qu'un mauvais quart d'heure à passer. Il ne serait pas fâché de mourir à cheval. S'il eût vécu de nos jours, la mort en automobile eût été tout à fait de son goût. Épicurien et cherchant ses aises jusque dans la mort, il veut mourir doucement, sans tristesse, loin des larmes sincères des parents, loin des parades feintes des faux amis.

Comment s'étonner qu'un Pascal, un chrétien, qui n'aborde la mort et son mystère qu'avec tremblement, s'irrite contre un philosophe qui l'attend presque avec indifférence, et qui veut « mourir lâchement et mollement, comme un païen » ? Les sentiments de Montaigne sur la mort sont « horribles », dit Pascal (1). Non, ils sont ceux que pouvait lui inspirer une noble résignation devant la loi commune : ceux d'un homme qui prétend mourir comme il a vécu, en sage, maître de lui-même ; qui voit approcher ses derniers instants, non seu-

(1) Pascal lui en voulait presque autant pour avoir émis des doutes sur la certitude de la géométrie.

lement sans étonnement, mais sans « soin », sans inquiétude, et en continuant « le train de la vie jusqu'au dedans de la mort ».

Où Pascal a raison, c'est quand il remarque que, dans les réflexions de Montaigne sur la mort, on ne voit guère poindre la pensée de l'au-delà. Sans doute sur le chapitre de l'immortalité, comme sur toutes les autres questions religieuses, l'auteur des *Essais* fait profession de la foi catholique. Mais, au fond, sur cette vie future dont il ne parle presque jamais, avait-il une assurance, une opinion arrêtée? Il est permis d'en douter. Il cite, sans les commenter, les paroles de La Boëtie mourant : « J'en suis certain, je m'en vais trouver Dieu et le séjour des bienheureux... » Et de même, dans l'éloge qu'il fait de Julien l'apostat, « cet homme si grand et si rare » — éloge que lui reprochèrent les censeurs de l'inquisition romaine, en l'invitant à « r'habiller » ce passage, — il relève, sans rien ajouter, ce fait que Julien « avait ferme créance dans l'éternité des âmes ». D'autre part, il dira de ceux qui sacrifient le souci de l'existence présente à la préoccupation des destinées futures : « L'opinion qui dédaigne notre vie, elle est ridicule... » Que conclure, sinon que l'immortalité de l'âme était pour Montaigne un problème, qu'il faisait suivre d'un point d'interrogation, et auquel il appliquait son fameux : « Que sais-je? », tout au plus une espérance vague et indécise?

« O la courageuse faculté que l'espérance, qui, en un sujet mortel, et en un moment, va usurpant l'infinité, l'immensité, l'éternité!... »

On a beaucoup discuté sur la religion de Montaigne. On a écrit de gros volumes, — tel celui de l'abbé de La Bouderie, — sur le christianisme de Montaigne. D'autres, des lecteurs de Chateaubriand, ont dit que les *Essais* pourraient être dénommés « le Génie du paganisme ». A qui entendre ?... Ce qui n'est pas douteux, c'est qu'en apparence Montaigne se comporte en parfait catholique. Il pratique ; il est dévot ; il fait le signe de la croix « à tout propos » : par exemple, « quand il bâille ». Il fait ses Pâques à Lorette, en Italie (1), non sans nous faire remarquer, le vaniteux, qu'il les fait dans une chapelle réservée, « ce qui n'est pas permis à tout le monde ». Il récite le *Pater noster* : prière « dictée par la bouche même de Dieu », et la seule d'ailleurs dont il fit usage. Il fait appeler un prêtre à son lit de mort. D'un autre côté, il déclare se soumettre humblement à l'Église catholique « en laquelle il meurt et en laquelle il est né ». Il s'incline devant la volonté de la Providence :

> « Suffit à un chrétien croire toutes choses venir de Dieu, les recevoir en reconnaissance de sa divine et inscrutable sapience. »

C'est l'homme de la nature que les jansénistes ont anathématisé en Montaigne. Et cependant il lui arrivait de faire appel à la grâce divine, à l'assistance de Dieu, pour soutenir la faiblesse humaine. Pascal eût signé des deux mains ce passage des *Essais* :

> « Oh ! la vilaine chose et abjecte que l'homme, s'il ne s'élève au-dessus de l'humanité ! Et il s'y élèvera, si Dieu lui prête extraordinairement son assistance. »

(1) A Lorette, Montaigne fit inscrire un ex-voto que voici : *Michael Montanus, Gallus Vasco, eques regii ordinis ; Francisca Cassaniana uxor, Leonora Montana filia unica.*

Mais, ni ces déclarations orthodoxes, ni ces pratiques pieuses, ne nous garantissent qu'il eût la foi. Montaigne, a dit Pascal, « agit en païen » : il pensait aussi en païen. Son christianisme est tout de surface : une soumission extérieure à l'usage, aux traditions du pays où il est né. Je suis chrétien, dit-il, comme je suis périgourdin. Il est catholique, plus que chrétien, philosophe, plus que catholique. Ce qui est à remarquer, c'est que ce grand citateur ne cite que rarement l'Évangile, et qu'il ne parle jamais du Christ. On ne croit guère à la révélation quand on écrit :

« Quoi que nous apprenions, c'est une mortelle main qui nous le présente, une mortelle main qui l'accepte. »

Il raconte volontiers des faits miraculeux, mais il fait remarquer, non sans ironie, que les miracles se dérobent toujours à ses yeux ; et il dit expressément que l'ordre du cours de la nature ne peut être troublé par aucune intervention. Dans ses rapports avec l'Église, il semble qu'il se comporte un peu comme dans son attitude vis-à-vis de la médecine. Il crible les médecins de ses épigrammes les plus mordantes, et cependant, arrivé au bout de sa diatribe, il leur tire une humble révérence : « Au demeurant, j'honore les médecins... Quand je suis malade, je les appelle en ma compagnie ; je les paie, comme les autres... » Oui, mais il ajoute qu'il « aurait son jugement merveilleusement démanché, s'il croyait à leur pouvoir et à l'efficacité de leurs drogues ».

Il est malaisé de savoir ce que Montaigne pensait au juste de la Réforme. Dans le balancement

et les oscillations perpétuelles de son jugement,
tantôt il déclare que la postérité la célébrera, pour
avoir combattu les erreurs et les vices, rempli le
monde de dévotion, d'humilité, d'obéissance, et de
toute espèce de vertus; tantôt il raille les efforts
que font les protestants pour vulgariser la Bible,
en la traduisant : « Plaisantes gens, qui pensent
avoir rendu la parole divine palpable au peuple,
pour l'avoir mise en langage populaire ! » Ce qui est
certain, c'est que, dans les querelles théologiques
de son temps, aussi bien que dans les questions
politiques, il s'est réservé; il est resté neutre;
il n'a pas suivi l'exemple de ceux de ses propres
frères qui s'étaient convertis à la Réforme (1).

« Que ceux qui nous ont voulu bâtir, ces années passées,
un exercice de religion si contemplatif et immatériel, qu'ils
ne s'étonnent point s'il s'en trouve qui pensent qu'elle se
serait échappée et fondue entre leurs doigts. »

Homme « de bonne foi », mais de peu de foi,
Montaigne est resté indépendant, en son for intérieur, de toute confession religieuse. La sagesse à
laquelle il aspire est une sagesse humaine, qui ne
doit être, « ni produite, ni agitée par la religion ». Il
veut mener l'humaine vie, conformément à sa naturelle condition. Il est le précurseur authentique des
libres penseurs modernes. Il pressent l'établisse-
ment d'une morale laïque et rationnelle, « dressée
par ressorts naturels », et qui se sente « de quoi se
soutenir sans aide, née en nous de nos propres
racines, par la semence de la raison universelle

(1) Montaigne était le troisième enfant d'une famille qui fut
nombreuse : sept ou huit garçons ou filles. Ses deux frères
aînés étaient morts quand il naquit.

empreinte en tout homme non dénaturé». Il élimine le surnaturel, et il prétend trouver en lui-même « toute la doctrine dont il a besoin ». Sainte-Beuve n'avait pas tort de dire qu'on pourrait écrire un chapitre sur *le dogmatisme de Montaigne*. Mais ce dogmatisme ne dépasse pas les limites de la raison pratique. C'est une doctrine de vie, qu'il appuie, soit sur les préceptes et les exemples de la sagesse antique, soit sur la conscience, dont il disait que « l'étreinte en est plus serrée et plus sévère que ne le serait celle d'un tribunal de juges ». Pour le reste, dans le domaine de la raison pure, Montaigne est indifférent et sceptique. Il chante la même chanson que Pascal sur l'impuissance de la raison humaine; mais il la chante sur un autre air, et le finale n'est pas le même. On a beau rappeler que Montaigne récitait son *benedicite*, qu'il faisait dire la messe dans sa chambre. Il n'en est pas moins vrai que dans la pièce au-dessus, dans le sanctuaire de sa bibliothèque, il avait fait inscrire sur les poutres du plafond, comme pour les faire planer constamment sur sa tête, cinquante-six sentences, qui sont comme le résumé de sa philosophie et l'abrégé du scepticisme : « Vanité, incertitude, erreur... — L'homme n'est qu'un vase d'argile, une ombre légère, bourbe et cendre. — Je n'établis rien ; je ne comprends pas ; je m'abstiens, etc. » La conclusion de toutes ses recherches intellectuelles, c'est le « Je ne sais » de Socrate, avec un point d'interrogation en plus : « Que sais-je ? »

II

LA PÉDAGOGIE DE MONTAIGNE

Montaigne n'a pas pédagogisé pour le peuple : seuls, au xvıᵉ siècle, les hommes de la Réforme ont pris souci de l'éducation populaire. Le plan qu'il expose, dans le célèbre chapitre *de l'Institution des enfants*, n'a été conçu que pour un fils de famille, fortuné et de haute naissance, pour son petit voisin du château de Gurson (1). Il s'agissait d'élever, sous la direction d'un gouverneur, d'un précepteur bien choisi, un petit gentilhomme que sa condition destinait à une vie aisée et peut-être oisive. Mais comme de ce petit gentilhomme Montaigne veut faire un homme, ses avis dépassent pourtant l'horizon borné d'une éducation de château, et nombre de ses maximes valent pour les enfants de toutes les conditions et de tous les temps. De plus, l'imagination impétueuse de Montaigne l'emporte souvent par delà les limites du cadre où il semblait devoir enfermer ses réflexions; de sorte qu'à propos d'une éducation privée et individuelle il lui

---

(1) Cet *Essai*, le chapitre XXIV du livre I, est dédié à Mᵐᵉ Diane de Foix, comtesse de Gurson, à l'adresse de son enfant, qui, du reste, n'était pas encore né. Montaigne, avec sa verve gasconne, prophétise que cet enfant à naître ne pouvait être qu'un garçon : « Vous êtes trop généreuse pour commencer autrement que par un mâle... »

arrive de toucher à des questions pédagogiques d'une portée générale. Enfin, ce n'est pas dans un seul chapitre, celui qu'il a dédié à la comtesse de Gurson, que Montaigne disserte sur l'éducation : c'est un peu partout qu'il sème par digression ses vues propres, ou qu'il critique les méthodes d'enseignement et les procédés de discipline alors en usage : « Je retombe volontiers sur ce discours de l'*ineptie* de notre institution. »

Montaigne, qui répugne à toute opinion absolue, n'est pas un superstitieux de l'éducation. Il ne croit pas à sa portée infaillible, à sa toute-puissance, ni que d'elle seule puisse dépendre l'avenir des individus. Aux meilleurs d'entre les pédagogues de profession il oppose « ces bons maîtres d'école, qui sont nature, jeunesse et santé ». Il n'ignore pas quelle est la force de l'hérédité physique, et celle aussi de la prédestination morale.

« Nous portons en nous les impulsions, non de la forme corporelle seulement, mais des pensements et des inclinations de nos parents... Les inclinations naturelles s'aident et se fortifient par institution ; mais elles ne se changent guère et surmontent. Mille natures, de mon temps, ont échappé vers la vertu ou vers le vice, au travers d'une discipline contraire... Il n'est personne, s'il s'écoute, qui ne découvre en soi une forme sienne, une forme maîtresse, qui lutte contre l'institution... »

A chaque instant reviennent sous sa plume les expressions d' « âme bien née », d' « esprit mal né » ; et il se cite lui-même en témoignage de l'action des influences naturelles et héréditaires :

« Ce que j'ai de bon, je l'ai par le sort de ma naissance : je ne le tiens, ni de lois, ni de préceptes ou autre apprentissage. »

S'il admet des limites aux effets de l'éducation, il est loin cependant d'en méconnaître l'importance. « Qui ne voit qu'en un État tout dépend de cette éducation et nourriture? » Et, par suite, il serait favorable à l'intervention de l'État, et même à sa souveraine maîtrise, en matière d'instruction. Il déplore que les Spartiates et les Crétois soient les seules nations qui « aient commis aux lois la discipline de l'enfance »; et oubliant tout à fait qu'il rédige pour une mère de famille un programme d'éducation domestique, il déclare que « c'est grande simplesse » d'abandonner l'éducation « au gouvernement des parents, tant fols et méchants qu'ils soient ».

L'inspiration de l'antiquité, de Platon, de Socrate, de Plutarque surtout, accompagne partout Montaigne. Il ne pouvait pas, comme Rabelais, se « délecter » en lisant dans le texte « les *Moraux* de Plutarque et les beaux dialogues de Platon ». Mais c'est pourtant en appelant à son aide ses souvenirs classiques, « les pédagogismes » de Platon et la méthode socratique, qu'il engage, après Rabelais, et avec autant d'ardeur que lui, une campagne violente contre l'éducation « inepte » de son temps. Qui a pris connaissance de ses invectives contre le pédantisme, la vaine érudition, la fausse science, et aussi contre la discipline barbare du moyen âge, ne sera plus tenté de le prendre pour un sceptique, qui assisterait, indifférent et froid, au mal qu'il constate et qu'il condamne. Sur ce sujet, il ne se contente plus de sourire; il ne se divertit plus : il s'irrite, il accuse, il s'emporte. Il ne trouve pas de paroles assez vives pour flageller les pédants et leur insupportable « ânerie », pour rompre avec la vaine rhétorique, avec la dialectique syllogistique :

« J'aimerais mieux être bon cuisinier, que bon rhétoricien... J'aimerais mieux que mon fils, si j'en avais, apprît aux tavernes à parler qu'aux écoles de parlerie... Qui a pris l'entendement en la logique? Où sont ses belles promesses? Voit-on plus de barbouillage au caquet des harengères qu'aux disputes publiques des dialecticiens?... C'est *baroco* et *baralipton* qui rendent leurs suppôts ainsi crottés et enfumés. »

α. La pédagogie de Montaigne est donc avant tout une protestation, une réaction, contre les travers des écoles du moyen âge, et encore contre les abus que le fanatisme littéraire de la Renaissance avait mis à la mode. Sa doctrine pédagogique, — car il en avait une, — apparaît déjà dans ses critiques. Elle est une riposte de l'esprit nouveau, un esprit de lumière et de liberté, au long asservissement des siècles obscurs qui avaient proscrit la douceur dans la discipline et l'indépendance dans l'instruction. C'est aussi, avant Rousseau, un retour à la nature, c'est-à-dire, comme il le dit, à ce qui est « général, commun et universel », humain, en un mot. Montaigne renie toute chose « qui n'a appui qu'en la barbe chenue et rides de l'usage » ; il rapporte tout « à la vérité et à la raison ». Il veut suivre « le beau et plein chemin que la nature nous trace », et dont l'importune subtilité d'une fausse philosophie nous détourne en « esclavant notre naturelle franchise ».

« Nous ne saurions faillir à suivre la nature. Le souverain précepte, c'est de se conformer à elle... Ce n'est pas raison que l'art gagne le point d'honneur sur notre grande et puissante mère nature... Partout où la pureté de la nature reluit, elle fait une merveilleuse honte à nos vaines et frivoles entreprises. »

Montaigne est bien le premier qui ait mis en relief cette vérité, devenue après lui un des lieux communs de la pédagogie classique, à savoir qu'avant les instructions spéciales qui font le professionnel, le savant ou le lettré, il y a, il doit y avoir une éducation générale, qui fait l'homme. C'est ce qu'il explique plaisamment sous forme d'anecdote :

« Allant un jour à Orléans, je trouvai dans cette plaine, au deçà de Cléry, deux régents qui venaient à Bordeaux, environ à cinquante pas l'un de l'autre ; plus loin, derrière eux, je voyais une troupe, et un maître en tête, qui était feu M. le comte de la Rochefoucault. Un de mes gens s'enquit au premier de ces régents, qui était ce gentilhomme, qui venait après lui : lui qui n'avait pas vu ce train qui le suivait, et qui pensait qu'on lui parlât de son compagnon, répondit plaisamment : « Il n'est pas gentilhomme, c'est un grammairien, et je suis logicien. » Or, nous qui cherchons ici, au rebours, de former, non un grammairien, ou logicien, mais un gentilhomme, laissons-les abuser de leur loisir : nous avons affaire ailleurs. »

L'élément essentiel de cette éducation générale consiste dans la culture du jugement, et c'est là le point culminant de la pédagogie de Montaigne.

Si l'écolier a appris à juger, le but suprême de l'éducation sera atteint. Qu'est-ce donc que juger ?

Juger, c'est d'abord penser par soi-même ; c'est avoir des opinions qui soient nôtres ; c'est chercher la vérité par un effort de réflexion personnelle.

Juger, c'est penser juste, c'est voir clair dans

toutes les questions qui se présentent, grâce aux lumières d'un esprit droit.

Bien juger enfin, c'est être en état de bien agir. La justesse du jugement, en effet, écarte les erreurs, les illusions, qui sont la source des mauvaises actions. La solidité de la pensée calme et apaise les passions. Penser par soi-même et penser juste, c'est déjà avoir acquis une force morale.

Sur le premier point, c'est-à-dire l'indépendance de la pensée, Montaigne s'explique avec autant de force que le fera, un siècle après, l'auteur du *Discours de la méthode* :

« Apprenez à penser librement, à ne pas vous traîner sur les traces d'autrui ; secouez hardiment les fondements ridicules, sur quoi les fausses opinions se bâtissent... La vérité et la raison sont communes à un chacun. »

Il donne lui-même l'exemple de cette liberté de penser : il ne se laisse point piper et aveugler à l'autorité de l'usage présent, ni à la mode qui « tourneboule » l'entendement à ses contemporains. Et c'est avec une verve inépuisable qu'il fustige l'instruction de pure mémoire, celle qui ne fait pas appel au jugement personnel, qui se contente de plaquer dans la mémoire des connaissances que l'esprit n'a pas contrôlées, examinées, et qu'il ne s'assimile pas.

« Nous semblons proprement celui qui, ayant besoin de feu, en irait quérir chez son voisin, et, en y ayant trouvé un beau et grand, s'arrêterait là pour se chauffer, sans plus se souvenir d'en rapporter chez soi. — De même que les oiseaux qui donnent la becquée à leurs petits portent au bec le grain sans le tâter, ainsi nos pédants pillotent la science dans les livres, et ne la logent qu'au bout de leurs lèvres, pour la dégorger seulement et mettre au vent. »

Le savoir ne vaut que si l'on a su se l'approprier, l'épouser, et faire siennes les opinions qu'on emprunte à autrui. Le travail de l'esprit doit ressembler à celui des abeilles. Les abeilles pillotent, deci, delà, les sucs des fleurs ; mais elles en font du miel, et ce n'est plus alors ni thym, ni marjolaine... Ce qui importe, ce n'est pas l'étendue du savoir, c'est la force de la réflexion ; c'est la puissance d'une raison développée, qui pèse et scrute les motifs de ses croyances et se détermine librement : « L'âme n'est pas un vase qu'il faille remplir : c'est un foyer qu'il faut échauffer. » — « J'aime mieux forger mon âme que la meubler. »

Il ne servirait de rien d'ailleurs que le jugement fût personnel, s'il était faux. La rectitude de l'esprit est une des premières vertus intellectuelles. Mieux vaut une tête bien faite qu'une tête bien pleine. Si je me plais, dit Montaigne, à soumettre à « l'inquisition », c'est-à-dire à l'esprit d'examen, « la continuelle variation des choses humaines, c'est pour que nous en ayons le jugement plus éclairé et plus ferme ». Il fait, quant à lui, tout ce qu'il peut pour modérer l'impétuosité « précipiteuse » de son propre jugement. Il recommande la prudence, et il la pratique pour son compte. Il rappelle que « chaque chose a cent visages » ; qu'il convient par conséquent d'analyser, de distinguer, et aussi de s'arrêter, dans un sujet délicat, quand on sent qu'on ne peut passer outre, « sondant le gué, comme il dit, et si on le trouve trop profond pour sa taille, se tenant sur la rive », c'est-à-dire s'abstenant de se prononcer.

Le jugement, c'est donc l'esprit critique qui ob-

serve, qui raisonne, et qui conclut : c'est le discer-
nement, qui démêle la vérité de l'erreur. Mais c'est
aussi la faculté qui distingue le bien du mal, et qui
règle nos mœurs. Montaigne ne sépare pas le jugement de la conscience morale. C'est pour aboutir à
faire les hommes meilleurs qu'il les veut plus judi-
cieux. Il associe sans cesse les deux points de vue.
Il dira : « Les hommes en seront plus avisés et
meilleurs. » Ce qu'il reproche à l'instruction à la
mode, c'est qu'elle laisse vides « l'entendement et
la conscience ». Le moyen âge subordonnait tous
les enseignements à la théologie : Montaigne les
subordonne à la morale. La véritable éducation
tend à l'action. « Ma science est d'apprendre à
vivre. » Il ne tarit pas sur ce sujet, et il répète, sous
toutes les formes, que le gain de l'étude, c'est de
devenir « meilleur et plus sage ». S'il attaque avec
tant de vivacité l'instruction purement livresque,
c'est qu'elle a le tort de négliger l'éducation pratique et morale.

« Celui-ci, tout pituiteux, chassieux, et crasseux, que tu
vois sortir après minuit d'une étude, penses-tu qu'il cherche
parmi les livres comment il se rendra plus homme de bien,
plus content et plus sage ? Nulles nouvelles !... »

Montaigne pouvait-il s'autoriser de son propre
exemple pour prôner la théorie qui confond l'éducation morale et la culture du jugement, et pour
en garantir l'efficacité ? Certes, il a exercé son jugement, « cet outil à tout sujet », avec une rare
indépendance. Il l'a promené sur toutes les matières
dans un exquis bavardage. Il a disserté sur la tac-
tique militaire, sur les guerres de Scipion et d'Annibal, de François Iᵉʳ et de Charles-Quint, avec

autant d'aisance et de sûreté que sur la joie et la tristesse, sur l'amour et l'amitié. Il admirait le génie militaire de César, et sa prodigieuse intelligence ; mais il n'hésitait pas à le juger sévèrement pour avoir détruit la République romaine, et, par là, « avoir rendu sa mémoire abominable à tous les gens de bien ». Il n'a jamais abdiqué sa liberté de penser, fidèle à cette fière devise : « Il faut que le jugement maintienne tout partout son droit. » Mais en a-t-il été « meilleur et plus sage »? Il l'affirme.

> « J'ai vu quelquefois mes amis estimer en moi avantage de courage et patience ce qui était seulement avantage de jugement et opinion. »

Dans ses accès de stoïcisme, c'est à l'entendement qu'il fait appel pour l'aider à supporter le malheur ; et il va jusqu'à dire que « l'homme d'entendement ne perd rien de lui-même, dans les désastres de sa patrie, dans la ruine de sa famille ».

Par bon jugement, il prétend avoir échappé en partie aux souffrances qui affligent la plupart des hommes : « Car le monde estime plusieurs choses horribles qui me sont à peu près indifférentes. »

Il lui est arrivé de s'arrêter sur la pente des passions, de résister aux impulsions de la colère et de la haine, en cherchant un point d'appui dans son intelligence seule :

> « J'ai le goût étrangement mousse à ces propensions qui sont produites en nous sans l'ordonnance et entremise de nos jugements. »

Oui, mais d'autre part il nous dira : « Mon affection se change : mon jugement, non. » N'est-ce pas faire l'aveu que la sensibilité ne dépend pas toujours du jugement, qu'elle s'émancipe sans lui, et malgré lui? Et, encore, il écrit : « Les débordements auxquels je me suis trouvé engagé, je les ai condamnés : car mon jugement ne s'est pas trouvé infesté par eux ». N'est-ce pas reconnaître qu'un bon jugement, s'il met à l'abri des erreurs de pensée, ne préserve pas toujours des erreurs de conduite? Qu'importe que le jugement les condamne, s'il ne les empêche pas !

Quoi qu'il en soit, et puisque le jugement serait, selon Montaigne, la faculté maîtresse de tout homme bien élevé (1), examinons par quels moyens il entend qu'on puisse acquérir cette qualité la plus précieuse de toutes. Quelle est, en un mot, sa pédagogie pratique ?

Ici, Montaigne est un guide excellent, qui substitue une éducation naturelle, vivante et libre, à l'instruction artificielle et abstraite, machinale et servile du moyen âge. Il semble qu'il dénoue, une à une, les bandelettes dont la scolastique avait enveloppé l'esprit humain, et que la momie, immobilisée dans les langes du syllogisme, renaisse peu à peu à la vie et à la liberté.

Ce qu'il veut d'abord, c'est qu'on accorde beaucoup à l'initiative de l'enfant. Le précepteur laissera son élève « trotter devant lui », afin de juger de son train naturel, et de pouvoir ensuite s'accommoder à son allure. Là-dessus des critiques, avec quelque injustice, s'écrient : « L'éducation à la Mon-

______

(1) Toute inspirée de Montaigne, Mlle de Gournay disait : « Le jugement élève les hommes sur les bêtes, Socrate sur eux, Dieu sur lui. »

taigne se réduit à rien (1). » Voudraient-ils donc revenir à l'éducation tyrannique, qui ne tient aucun compte des aptitudes diverses des enfants, qui surtout les opprime sous le joug d'une didactique à outrance, ne laissant aucune ouverture, aucune issue, aux forces naturelles? Montaigne est dans le vrai, quand il demande que l'élève soit habitué à penser par lui-même, et qu'il parle à son tour. C'est avec raison qu'il proscrit l'instruction de pure mémoire. Bien qu'il reconnaisse que la mémoire est un précieux outil, « sans lequel le jugement peut à peine faire son office », il n'er constate pas moins que « les mémoires excellentes se joignent volontiers à des jugements débiles ». Ce n'est pas en apprenant par cœur de belles maximes, qu' « on aura plaquées en sa mémoire, toutes empennées comme des oracles », que l'enfant fera son éducation intellectuelle et morale. C'est de bonne heure, le plus tôt possible, à sa réflexion et à son intelligence qu'il convient de faire appel. Pour que son entendement devienne actif, il est indispensable de lui laisser son indépendance :

« Que le jugement conserve ses franches allures : nous le rendons servile et couard, pour ne lui laisser la liberté de rien faire de soi. »

Donc, n'abusons pas des leçons en forme ; n'imitons pas ces éducateurs babillards qui ne laissent pas à leurs élèves le temps de se reconnaître, et qui criaillent à leurs oreilles, « comme s'ils versaient dans un entonnoir ».

C'est par l'observation, c'est par l'expérience

____

(1) Voy. la préface de M. Émile Faguet (page XV) au livre posthume de Guillaume Guizot : *Montaigne, Études et fragments.*

personnelle et directe, en fréquentant les hommes,
en regardant les choses, que l'enfant développera
d'abord son jugement. Le commerce des hommes
est merveilleusement propre à former l'esprit. On
sait quel plaisir en retirait Montaigne. Il aimait à
converser et à discourir, à « conférer », à condition
pourtant de choisir ses interlocuteurs. « L'incomparable auteur de l'*Art de conférer* », comme disait Pascal, y voyait l' «exercice le plus fructueux
de notre esprit »; et il en estimait l'usage plus doux
que d'aucune autre action de la vie. Dans un en-
tretien animé, familier, il trouvait plus d'excitation
pour l'esprit que dans « le mouvement languissant
de la lecture ». — « Il faut vivre avec les vivants »,
s'écriait-il. Aussi conviait-il les enfants eux-mêmes
à se mêler aux entretiens et aux discussions du
monde, à y prendre part, au risque d'avoir à confesser de bon cœur une erreur échappée à leur
ignorance. Il les engageait à écouter d'une oreille
attentive tout ce qui se disait autour d'eux. La malice d'un page, la sottise d'un valet, un propos de
table, autant de matières d'instruction. Tout doit
être pour le jugement qui s'éveille une occasion
de réflexion et d'étude : « L'enfant sondera la
portée d'un chacun, un bouvier, un maçon, un
passant... » C'est ce que Montaigne faisait pour
son propre compte : après avoir passé de longues
heures dans sa « librairie » à entretenir commerce
avec les plus grands esprits de l'antiquité, il prenait plaisir à converser familièrement avec un
charpentier ou un menuisier.

Observer les choses, cela n'est pas moins profi-
table que de converser avec les hommes :

4.

« Qu'on mette à l'enfant en fantaisie une honnête curiosité de toutes choses. Tout ce qu'il y aura de singulier autour de lui, il le verra : un bâtiment, une fontaine, un homme, le lieu d'une bataille ancienne, le passage de César où de Charlemagne. Ce sont choses très plaisantes à apprendre... »

L'esprit de la méthode intuitive et des leçons de choses, celui qui animera un Frœbel, un Pestalozzi, a déjà soufflé sur Montaigne. Bien loin d'isoler l'enfant dans l'étude du passé, il le jette dans la vie réelle, il le met en contact avec les réalités. Il compte beaucoup sur cette éducation insensible, qui est le résultat de « la fréquentation du monde », qui sort spontanément des circonstances, de l'entourage, du milieu où l'élève est placé. Les connaissances se dégagent alors, non abstraites, toutes faites et passives, d'un livre qu'il récite, mais vivantes et actives, des faits qu'il observe et qu'il interprète. Et notez que Montaigne ne se contente pas d'une observation superficielle et légèrement faite. On dirait parfois qu'il est le précurseur de Bacon, et qu'il établit les premiers fondements de la logique expérimentale, quand il dit, par exemple : « Ce n'est pas assez de compter les expériences : il faut les peser et les assortir. »

Il s'en faut que Montaigne ait songé, comme le fera Rousseau, à exclure les livres de l'éducation. Mais il veut qu'on en use avec discrétion, avec mesure, et toujours en vue de former le jugement. Ce qu'il combat, ce n'est pas le livre, mais le livre appris par cœur, le livre lu sans critique.

La lecture, d'ailleurs, à ses yeux, est une occupation qui peut devenir, par l'excès, aussi pénible que toute autre ; et si, dans le commerce des livres, on perd la gaieté et la santé, « nos meilleures pièces », pas d'hésitation : qu'on y renonce ! Quant à lui, il n'aime que deux espèces de livres : les livres plaisants, qui l'amusent et le « chatouillent », ou bien ceux qui le consolent, qui le conseillent, « pour bien régler sa vie et sa mort ». Il ne dit pas quels sont ceux qu'il proposerait de mettre aux mains des enfants ; mais du moins il enseigne comment on devra lire ceux que le maître aura choisis. Il faut que la lecture « embesogne, non la mémoire, mais le jugement ». Il faut demander compte, non seulement des mots du texte, mais « du sens et de la substance ». Maximes qui paraissent banales aujourd'hui, mais qui, au temps de Montaigne, étaient de grandes nouveautés. Combien de fois a-t-on répété après lui, mais c'est lui qui l'a dit le premier, que dans l'étude de l'histoire, l'explication des événements, la connaissance raisonnée des caractères, importait plus que les dates et les faits ?

« Que mon guide se souvienne où vise sa charge, et qu'il n'imprime pas tant à son disciple la date de la ruine de Carthage, que les mœurs d'Annibal et de Scipion ; ni tant où mourut Marcellus, que pourquoi il fut indigne de son devoir qu'il mourût là... Qu'on ne lui apprenne pas tant les histoires qu'à en juger. »

« Exercez le jugement », c'est le refrain perpétuel de la pédagogie de Montaigne. Mais le jugement, éclairé et sain, n'est pas seulement la règle de l'intelligence : il doit devenir la loi des actions. Et pour cela il faut mettre l'enfant à l'école de la philosophie, c'est-à-dire de la morale. « La philosophie est celle qui nous instruit à vivre. » C'est là l'étude suprême en importance, mais c'est aussi chronologiquement le premier enseignement que Montaigne présente à l'enfant. « Entre les arts libéraux, dit-il, — oubliant que la philosophie ou la morale ne figurait, ni dans le trivium, ni dans le quadrivium, — commençons par l'art qui nous fait libres, » c'est-à-dire par la philosophie. « Que les premiers discours, dont nous abreuvons l'entendement de l'enfant, soient ceux qui règlent ses mœurs et son sens. » Et comme il prévoit qu'on va lui objecter l'âge des enfants et la difficulté de proposer à des intelligences naissantes des leçons qu'elles ne seraient pas en état de comprendre, il s'évertue à établir que « la philosophie a des discours simples », qu'un enfant est capable de les entendre « au partir de la nourrice, beaucoup mieux que d'apprendre à lire ou écrire ».

« La philosophie nous instruit à vivre, et l'enfance y a sa leçon, comme les autres âges... La philosophie a des discours pour la naissance des hommes comme pour leur décrépitude. »

Il est permis de rester sceptique devant ces affirmations un peu aventureuses. Montaigne a lui-même conscience de la difficulté. Il cherche, par suite, les moyens d'aplanir le chemin un peu rude par où il conduit l'enfant. Le gouverneur insinuera la leçon de morale, plus qu'il ne l'enseignera. Cette leçon se mêlera à toutes les actions, à tous les événements de la vie enfantine ; — on croirait déjà entendre Rousseau : — « elle se coulera, sans se faire sentir ». Donc, pas d'enseignement doctrinal, pas de leçons en forme. Montaigne se rend compte que pour nous guider dans la vie, pour nous acheminer à l'action, une doctrine morale, même bien comprise, ne suffirait pas, et qu'il est nécessaire d'y joindre l'exercice. « Il faut exercer, et former notre âme par la pratique, au train auquel nous la voulons ranger. » L'enfant, pour devenir un honnête homme, est tenu de faire un apprentissage personnel de la vertu. De même, dit Montaigne, qu'il serait plaisant que Le Paluël et Pompée, « ces beaux danseurs de mon temps », prétendissent nous « apprendre des cabrioles, à les voir seulement faire, sans nous bouger de nos places »; de même il serait ridicule de s'imaginer qu'on pourra « instruire l'entendement sans l'ébranler ». Qu'on ne dise donc pas que Montaigne a méconnu le prix de l'action, la nécessité de l'exercice de la volonté, et l'influence de l'habitude.

« Les hommes ne se rendent pas courageux et belliqueux sur le champ, par une bonne harangue, non plus qu'on ne devient incontinent musicien pour ouïr une bonne chanson. Ce sont apprentissages qui ont à être faits avant la main, par longue et constante institution. »

Ce n'est ni sur l'autorité de la religion, ni sur la doctrine fidèlement obéie de tel ou tel philosophe, c'est bien sur un effort personnel que Montaigne a entendu fonder la vie morale. Il a essayé de former sa vie, de la conduire, de la soustraire aux hasards des événements. « J'ai mis tous mes efforts à former ma vie : voilà mon métier et mon ouvrage. » Il se plaint que les hommes en général ne sachent pas dresser un plan réfléchi, un « dessein certain » de leur conduite ; ils n'en délibèrent qu'au jour le jour, « à parcelles ». L'idéal qu'il a conçu pour lui-même est peut-être mesquin, inférieur, rabaissé par des pensées trop égoïstes : mais enfin il a eu un idéal, un plan de conduite.

Pour qu'ils construisent ce plan, il recommande aux autres ce qu'il a pratiqué lui-même : la méditation, le repliement intérieur :

« Regardez dans vous ; reconnaissez-vous ; tenez-vous à vous. Votre esprit, votre volonté, qui se consomme ailleurs, ramenez-la en soi... »

Pécaut, l'éducateur de la conscience, eût applaudi. Il est vrai que « se tenir à soi », quand c'est Montaigne qui le dit, cela ne garantit peut-être pas un point d'appui des plus solides, ni une assiette bien stable. Mais cela prouve tout au moins que l'auteur des *Essais* a cherché en lui-même, et non dans une autorité extérieure, le fondement de sa vie morale. Il faut, dit-il, « établir un patron au dedans de soi auquel toucher nos actions ». Et encore :

« Que l'homme se régente, respectant et craignant sa raison et sa conscience, si bien qu'il ne puisse sans honte broncher en leur présence... Il y a je ne sais quelle congratulation de bien faire qui nous réjouit en nous-mêmes : c'est le seul paiement qui jamais ne nous manque... Il faut suivre le droit chemin pour sa droiture, pour le contentement qu'une conscience bien réglée reçoit en soi de bien faire. »

Comment, après de telles paroles, pourrait-on soutenir encore que Montaigne n'a été, comme on l'a dit, qu' « un endormeur de consciences » ?

Montaigne est tellement convaincu que la philo-

sophie, « formatrice des jugements et des mœurs »,
doit être la principale leçon de l'enfance, qu'il renonce à élever ceux qui n'y prendraient pas goût.
Si mon disciple, dit-il, ne s'y plaît pas, s'il aime
mieux encore ouïr une fable qu'un sage propos, s'il
aime mieux aller au bal qu'au combat, « je n'y vois
d'autre remède sinon qu'on le mette pâtissier dans
quelque bonne ville, fût-il fils d'un duc ». Et même,
trouvant qu'il n'en a pas assez dit contre l'enfant
rebelle à l'enseignement de la morale, comme s'il
était pris d'un accès de rage, il écrit en marge de
ce passage, dans une édition postérieure : « Que
de bonne heure son gouverneur l'étrangle, s'il est
sans témoin !... » Ce jour-là, Montaigne manquait
vraiment de modération.

Après tout, il n'y a peut-être pas lieu de s'étonner que Montaigne considère l'étude de la philosophie morale comme accessible aux enfants, et même
plus intelligible pour eux qu' « un conte de Boccace ». Il la fait si aimable, si enjouée, si « folâtre ».
D'une part, il retranche de la philosophie tout ce
qui la rend rebutante dans la forme ; les mots tech-
niques et la terminologie pédantesque. « C'est la
faute des ergotismes, si la philosophie apparaît
comme un nom vain et fantastique. » D'autre part,
il professe habituellement une doctrine morale
complaisante et molle, qui n'est point l'ennemie de
nos plaisirs : elle aime la vie, elle aime la beauté,
et la gloire, et la santé. Par suite, il serait aussi
aisé pour l'élève d'accomplir le devoir, qu'il l'est
pour le maître d'en enseigner les règles. « Le prix
de la vertu est en la facilité, utilité et plaisir de
son exercice. »

Jamais la pensée flottante de Montaigne ne s'est plus inconsciemment abandonnée aux contradictions, aux « revirades », — comme disait ce Gascon, — que dans les définitions successives qu'il donne de la morale et de la vertu. Est-ce pour les excuser qu'il s'est plaint si souvent des trahisons de sa mémoire ? Mais ce n'est pas d'un chapitre à un autre, c'est dans le même *Essai*, à quelques lignes de distance, qu'il se contredit avec une sorte d'inconscience. Il vient de dire de la haute vertu de Socrate qu'elle était naturelle ; que, pour s'y tenir, il n'avait pas eu à lutter contre des instincts mauvais : et il l'admire pour cette sagesse spontanée, à laquelle la nature n'a pas opposé d'obstacle. Or, un peu plus loin, il écrira : « Socrate avouait à ceux qui reconnaissaient en sa physionomie quelque inclination au vice, que c'était, à la vérité, sa propension naturelle, mais qu'il l'avait corrigée par discipline. »

Une contradiction plus grave est celle qui met aux prises, en Montaigne, l'épicuréisme et le stoïcisme. Combien de fois a-t-il célébré la vertu facile, aimable, qui « ne prêche que fête, et bon temps, et éjouissance constante ». Il s'indigne qu'on l'habille de tristesse, « sot et vilain ornement ». Il aime une sagesse gaie. Il fuit « l'âpreté des mœurs et l'austérité, ayant pour suspecte toute mine rébarbative ». Il hait les esprits hargneux et tristes, qui glissent par-dessus les plaisirs de la vie. Et pris de je ne sais quelle fureur poétique, il chante, dans une page fameuse, un hymne à la vertu de ses rêves : « à la vertu suprême, belle, triomphante, amoureuse, délicieuse pareillement et courageuse, ennemie irréconciliable d'aigreur, de déplaisir, de crainte

et de contrainte, ayant pour guides nature, fortune, et volupté pour compagne, etc. » (1). Montaigne se grise de sa parole; les comparaisons, les
épithètes, brillent, éclatent dans une envolée de
style étincelante et superbe. Mais comment se
fait-il qu'après nous avoir parlé des « routes de
la sagesse, ombrageuses, gazonnées et doux fleu-
rantes », le même philosophe change d'avis, au
point d'écrire que « la vertu refuse la facilité pour
compagne »; que « cette aisée, douce et penchante
voie, par où se conduisent les pas réglés d'une
bonne inclination de nature », n'est pas celle de la
vraie vertu; et enfin qu' « elle demande un chemin âpre et épineux »? C'est Zénon, celui qu'il
appelle « le premier homme de la première école
philosophique et surintendante des autres », que
Montaigne prend maintenant pour guide. C'est la
vertu stoïcienne qu'il encense, celle qui « sonne je
ne sais quoi de plus grand et de plus actif », et à
laquelle il ne suffit pas « de se laisser, par une heureuse complexion, doucement et paisiblement conduire à la suite de la raison ».

N'attendons pas de Montaigne un plan d'études
complet et précis. Ne lui demandons pas plus qu'il
ne nous a promis. Il nous a avertis lui-même qu'il
ne parlerait guère de l'enseignement proprement
dit, « pour n'y savoir apporter rien qui vaille ».
C'est en passant seulement, et d'un trait rapide de
plume, qu'il mentionne les études autres que la
philosophie. Et, par une erreur grave, il les ajourne,
il les diffère jusqu'au jour où l'enfant aura son

____

(1) *Essais*, L. I, chap. XXV.

jugement formé. Alors seulement on l'entretiendra de « ce que c'est que logique, physique, géométrie, rhétorique ». Vues un peu courtes assurément ! Montaigne oublie que ces études spéciales, dans une instruction bien dirigée, peuvent et doivent être précisément les instruments de l'éducation intellectuelle ; qu'elles constituent une partie essentielle de la gymnastique de l'esprit ; que des leçons de choses et des entretiens familiers sur la morale ne sauraient suffire pour éclairer la raison, pour approvisionner l'esprit des connaissances nécessaires ; que l'intelligence a besoin d'une nourriture plus substantielle, et que seules peuvent la lui fournir les vérités générales et abstraites, qui sont contenues dans les divers enseignements littéraires et scientifiques.

On a reproché à Montaigne, non sans raison, d'avoir singulièrement réduit le rôle des sciences dans l'éducation, et de ne leur avoir pas fait dans son programme scolaire une place assez large. Il ne suffirait pas, pour l'excuser, de dire que les sciences n'existaient guère de son temps. Elles n'existaient pas non plus au temps de Rabelais, et celui-ci, pourtant, dans une vision prophétique de l'avenir, inscrivait à son programme, comme si elles eussent déjà accompli leur œuvre, toutes les sciences de la nature. Non, c'est bien la tendance de Montaigne, — préoccupé, comme il l'est avant tout, de former les mœurs de son élève, — de dédaigner les sciences pures, celles qui ne sont d'aucun secours pour la conduite de la vie, et qui renferment « beaucoup d'étendues et d'enfoncements fort inutiles ». Il ne doit nous « chaloir », dira-t-il, que Copernic ait raison contre Ptolémée. Tout ce qui est problème spéculatif l'intéresse peu. C'est « une grande simplesse » d'apprendre à nos enfants la science des astres, avant la science de l'homme. Prenons garde pourtant, que c'est surtout à la fausse science, au savoir verbal, à l'érudition indigeste qu'il en veut :

« J'aime et honore le savoir autant que ceux qui l'ont, et, en son vrai usage, c'est le plus noble et le plus puissant acquêt des hommes : mais en ceux-là (et il en est un nombre infini de ce genre), qui se rapportent de leur entendement à leur mémoire, et qui ne peuvent rien que par les livres, je les hais, si je l'ose dire, un peu plus que la bêtise... La doctrine est très utile accessoire à une âme bien née, pernicieuse à une autre âme et dommageable ;... en quelques mains, c'est un sceptre, en quelques autres une marotte... »

C'est donc moins à la science en elle-même qu'à la science mal pratiquée, mal employée dans l'éducation, que va l'indifférence dédaigneuse ou l'hostilité de Montaigne. Dans l'instruction, il lui fait sa part. Rabelais disait à son élève : « Somme que je voie un abîme de science. » N'est-ce pas un langage approchant que tient Montaigne, lorsqu'il dit, parlant de l'univers physique : « Somme, je veux que ce soit le livre de mon écolier » ? Mais, jusque dans cette étude du monde, Montaigne poursuit toujours son idéal moral et pratique. S'il demande que l'homme se rende compte de la nature en général, c'est pour qu'il en admire « la haute et pleine majesté », afin de mieux comprendre quelle petite place il y occupe, et qu'il doit conformer ses ambitions à la médiocrité de ses destinées. L'étude de la nature, comme la fréquentation des hommes, comme le commerce des livres, comme toute étude en un mot, ne doit être qu'une école de jugement, de jugement moral, par-dessus tout.

Montaigne, bien qu'il sût le latin au point que le latiniste Muret « craignait à l'accoster », est un des premiers qui aient secoué le joug du latinisme : « C'est un bel agencement sans doute que le grec et le latin, mais on l'achète trop cher... » On sait comment il avait lui-même appris la langue latine. « Avant le premier dénouement de sa langue », il avait été confié par son père à des maîtres qui ne lui parlaient que latin. Le château de Montaigne était devenu comme une petite université de village ; et aussi un conservatoire de musique, puisque des musiciens étaient chargés de ménager chaque matin à l'enfant un réveil agréable. Parents, valets, chambrière même, tout le monde autour de lui jargonnait latin. A six ans il ne savait pas un mot de français, pas plus que de périgourdin. Cette méthode, qui avait fait du latin la langue maternelle de Montaigne, est-elle la bonne ? Montaigne lui-même ne le croit pas. Il ne se laisse pas influencer sur ce point par les souvenirs de sa propre éducation, et peut-être son expérience personnelle lui a-t-elle appris au contraire les inconvénients du système imaginé par son père, plus ingénieux qu'avisé. Il déclare tout net, en effet, qu'il ne faut apprendre le latin qu'après le français, et même après les langues vivantes. « Je voudrais premièrement bien savoir ma langue et celles de mes voisins. »

Les langues mortes sont donc reléguées au second plan. Jusqu'ici on y a employé trop de temps, trop de procédés mécaniques. On en simplifiera, on en facilitera l'étude. On fera le moins possible de grammaire. Montaigne n'aimait pas les grammairiens. Il se flattait de n'avoir appris lui-même les langues que par routine, sans en savoir les règles. « Je ne sais ce que c'est qu'adjectif, conjonctif et ablatif... »

Ce dédain superbe de la grammaire était permis à un grand écrivain, qui créait lui-même sa langue. Mais les libertés dont il use, et auxquelles il doit en partie ce qu'il y a de naturel et d'imprévu dans son langage, ne sauraient évidemment être proposées à l'imitation du commun des hommes. Sa rhétorique est la rhétorique de la nature. L'art et surtout l'artifice en sont impitoyablement proscrits. Montaigne ne fait aucun cas de l'ordre et de la composition dans les discours : « Aille devant ou après, une utile sentence, un beau trait est toujours de saison. » Complaisant à ses propres défauts, il érige naïvement en règles les habitudes désordonnées de sa pensée. Dans ses considérations sur les qualités du style, c'est un portrait qu'il trace, le portrait de son style à lui, plutôt qu'un modèle idéal à recommander à tout le monde. Il veut « un parler simple et naïf, sans affectation », cela est bien ; mais il n'hésite pas à ajouter qu'il l'aime « déréglé et décousu » ; et en ceci il abonde vraiment trop dans son propre sens.

Montaigne mettait la santé au premier rang des biens de l'homme : « C'est une précieuse chose que la santé, et la seule qui mérite qu'on emploie la vie à sa poursuite. » Comment aurait-il pu méconnaître l'importance de l'éducation physique ? L'hygiène est déjà une de ses préoccupations. Il se plaint que les modernes aient perdu l'habitude « de se laver le corps tous les jours » : coutume qui était généralement observée autrefois par toutes les nations. En ces questions, Montaigne s'inspirerait volontiers de l'exemple de son père, dont il dit qu' « il ne s'est guère trouvé d'homme de sa condition qui l'égalât en tout exercice du corps ». Doué d'une rare force musculaire, le vieux Montaigne, acrobate en chambre, faisait sur le pouce le tour de sa table. Son fils, il est vrai, n'avait pas hérité de ses forces physiques. Sauf au courir, où il était « de force moyenne », il avoue son inaptitude aux autres exercices du corps. Il ne sait, ni nager, ni escrimer, alors que ses contemporains allaient en foule apprendre l'escrime en Italie, et que son propre frère s'y battait en duel. Il savait « à peine danser ». Il se plaint de ses mains maladroites et « gourdes ». En revanche, il était excellent cavalier. Il passait sans fatigue quinze heures à cheval. Son voyage en Italie ne fut qu'une longue chevauchée. Si Venise ne lui plut guère, c'est peut-être parce que, dans la ville des gondoles, « il n'y a nul cheval ». Les idées, dit-il, me viennent à table, mais « surtout à cheval ». Et il va jusqu'à dire : « Je m'aimerais mieux bon cavalier que bon logicien. »

Montaigne était trop pénétré de cette vérité que le physique et le moral sont intimement unis, pour négliger l'éducation du corps.

« Le corps a une grande part à notre être... Ceux qui veulent déprendre nos deux pièces principales et les séquestrer l'une de l'autre, ils ont tort : au rebours, il les faut accoupler et rejoindre ; il faut ordonner à l'âme, non de se tirer à quartier, de mépriser le corps, mais de se rallier à lui, de l'embrasser, le chérir, lui assister, le contrôler, le conseiller, l'épouser en somme, à ce que leurs effets ne paraissent pas divers et contraires, mais accordants et uniformes... »

Sans se jeter, comme l'élève de Rabelais, dans une orgie de gymnastique, l'élève de Montaigne saura que, pour fortifier son âme, il lui faut commencer par « raidir ses muscles ». Il pratiquera la course, la lutte, la danse, la chasse, le maniement des chevaux et des armes. Il s'exposera au froid, au chaud ; il se moquera des règles de la médecine ; il s'aguerrira, comme fera plus tard l'élève de Locke ; il s'endurcira à la fatigue et à la douleur. « Ce n'est pas une âme, ce n'est pas un corps qu'on dresse, c'est un homme. » C'est une des raisons pour lesquelles Montaigne répudie l'éducation domestique, qui, en maintenant l'enfant « au giron de ses parents », l'amollit et l'effémine. Il ne faut pas que l'âme « ahanne » en compagnie d'un corps trop tendre et trop sensible. Il faut que l'enfant soit élevé « grossièrement et hasardeusement » ; et Montaigne, dépassant ici la mesure, va jusqu'à autoriser, et même à encourager chez le jeune homme, les excès de toute espèce. « Je veux qu'en la débauche même il surpasse ses compagnons. » Mieux inspiré, il dira ailleurs : « Qu'il puisse faire toutes choses, mais qu'il n'aime à faire que les bonnes. »

Montaigne disait : « Quand je pourrais me faire craindre, j'aimerais mieux me faire aimer. » C'est de ce sentiment qu'il s'inspire dans ses idées sur la discipline scolaire. Ici encore, il reprend avec entrain la campagne engagée par Rabelais. Il attaque, il accuse le régime sévère et brutal des collèges de son temps, celui qu'il a subi au collège de Guyenne, régime fait de violence et de force, d'horreur et de cruauté. Il interdit toute rigueur en l'éducation d'une âme libre. Il plaisante les maîtres qui se courroucent et s'emportent contre leurs élèves, à la façon de « ceux qui crient avant que le coupable soit en leur présence, et durent à crier, un siècle après qu'il est parti ». Dans la famille, il se plaint qu'on châtie trop rigoureusement les enfants pour « des erreurs innocentes », et qu'on les tourmente mal à propos pour « des actions téméraires », pour des fautes sans portée. Les seuls défauts pour lesquels il demande une répression énergique, ce sont « la menterie et l'opiniâtreté ». Dans l'éducation publique, sans incliner à un excès d'indulgence, il veut qu'une « sévère douceur » soit le mot d'ordre de la « police des collèges ». Il en exclut les châtiments corporels :

> « Je n'ai vu d'autre effet aux verges, sinon de rendre les âmes plus lâches et plus malicieusement opiniâtres... »

Il rêve de maisons d'éducation où « la Joie, les Grâces » seraient peintes sur les murs pour égayer les yeux des enfants ; où la joie régnerait en réalité dans les classes ; où « les danses, jeux, chansons, sauts et tours » alterneraient avec des études d'ailleurs attrayantes et poursuivies sans contrainte. Moins de travail, le fouet supprimé, des leçons agréables, où le maître convie les élèves à des efforts volontaires et aisés ; toute violence, toute rudesse proscrites : voilà l'idéal de discipline douce et souriante que Montaigne souhaite de voir appliqué, dans l'éducation « de ces âmes délicates et tendres qu'il s'agit de dresser pour l'honneur et la liberté ».

Montaigne se faisait de la nature des femmes, « de leur esprit déréglé, de leur goût malade, de leur ordinaire faiblesse », une idée trop peu flatteuse, pour qu'on puisse attendre de lui une conception large et élevée de l'éducation féminine. Il critique les Armandes de son temps, mais ne va pas même jusqu'à concevoir l'idéal d'une Henriette, ayant des clartés de tout. Il raille celles de ses contemporaines qui prétendent au bel esprit et à l'érudition : « Elles allèguent Platon et saint Thomas, aux choses auxquelles le premier rencontré servirait aussi bien de témoin. » N'est-ce pas ce qu'il faisait lui-même, dans ses perpétuelles citations? La rhétorique, la logique, les sciences en général, sont « drogueries inutiles à leur besoin ». La rhétorique ne leur servirait qu' « à couvrir leur beauté sous des beautés étrangères ». Dans les concessions qu'il leur fait, touchant les études qu'il leur permet, il entre presque autant de mépris que dans les prohibitions qu'il leur impose :

« Si toutefois il leur fâche de nous céder en quoi que ce soit, et si elles veulent par curiosité avoir part aux livres, la poésie est un amusement propre à leur besoin : c'est un art folâtre et subtil, parlier, déguisé, tout au plaisir, tout en montre comme elles... »

Il consent encore que les femmes aient quelque connaissance de l'histoire et de la philosophie morale, mais en assignant à ces études un but étroit, une portée pratique :

> « Elles en tireront diverses commodités, elles y apprendront à allonger les plaisirs de la vie, et à porter humainement l'inconstance d'un serviteur, la rudesse d'un mari, et l'importunité des ans et des rides... »

En un mot, la femme étudiera, si elle étudie, ce qu'il est nécessaire qu'elle sache pour être patiente, résignée, obéissante. De culture générale, de développement personnel, il n'est pas question. Montaigne est de ceux qui, par fausse galanterie, veulent maintenir la femme dans l'ignorance, sous prétexte que l'instruction nuirait à ses charmes naturels. Il abrite d'ailleurs, sur ce point, ses idées mesquines et terre à terre sous l'autorité de la théologie : « Et nous, et la théologie ne requérons pas beaucoup de science aux femmes. » Montaigne aurait dû pourtant comprendre la nécessité d'une instruction féminine, sérieuse et forte, puisqu'il avait conscience des inconvénients et des périls de l'éducation frivole qui était alors à la mode :

> « Nous dressons les filles dès l'enfance aux entremises de l'amour : leur grâce, leur attifure, leur science, leur parole, toute leur instruction ne regarde qu'à ce but... »

Ce qui a manqué surtout à Montaigne pour être vraiment un éducateur, c'est l'amour de l'enfance. Il était trop épris de sa tranquillité pour se plaire dans la compagnie des enfants, même des siens. « Je ne les ai pas souffert volontiers nourrir près de moi. » Il se serait aisément passé d'en avoir.

« Les enfants sont au nombre des choses qui n'ont pas fort de quoi être désirées, notamment à cette heure qu'il serait si difficile de les rendre bons... »

S'il se barricadait, pour ainsi dire, dans sa bibliothèque, afin de fuir la société des hommes et de vivre avec lui-même, comment aurait-il ouvert la porte de sa tour d'ivoire à la turbulence bruyante et incommode de l'enfance? Il n'en comprenait pas le charme, insensible qu'il était à la grâce, à la gentillesse de ces frêles créatures naissantes, dont un de nos contemporains a dit : « Le peu de paradis que nous apercevons encore sur la terre est dû à la présence des enfants. » Montaigne, lui, les écarte rudement de sa vue, ne concevant pas « cette passion de quoi on embrasse les enfants encore à peine nés »; et ne trouvant, ni dans leur âme, ni dans leur corps, rien « par où ils se puissent rendre aimables ».

Il ne permet pas à la mère d'allaiter son enfant; il ne veut pas même de nourrice à la maison. Élevé lui-même au village par une mercenaire, il entend que ses filles, elles aussi, soient nourries loin de leurs parents.

Montaigne, il faut l'avouer, n'a guère connu la vertu laborieuse, celle qui courbe nos humeurs sous le joug du devoir, celle qui fait qu'on veille la nuit, qu'on peine le jour, au service de ceux que l'on aime : ce qui d'ailleurs devient facile, précisément parce qu'on les aime. C'est seulement quand l'enfant est devenu grand qu'il consent à l'admettre dans sa société :

« Je ne voudrais pas fuir la compagnie de mes enfants. Je voudrais les éclairer de près, et jouir de leur allégresse et de leurs fêtes. J'essaierais, par une douce conversation, de nourrir en mes enfants une vive amitié, non feinte, à mon endroit... Un père est bien misérable qui ne tient l'affection de ses enfants que par le besoin qu'ils ont de son secours... Il faut se rendre respectable par sa vertu, et aimable par sa bonté... »

Avec des adolescents, Montaigne devient donc un père tendre, parce qu'alors il trouve du plaisir dans leur société. Ses fils, s'il en avait eu, il les aurait, dit-il, traités libéralement aux approches de la vingtième année ; il les aurait associés de bonne heure aux affaires de la famille ; il se serait dépouillé en leur faveur d'une partie de ses biens, sans attendre l'heure des testaments et de la mort.

Montaigne ne semble pas avoir été très sensible aux beautés de la nature. Il a plus de regards d'admiration pour les belles Italiennes, dans les rues de Florence et aux fenêtres de Rome, que pour les grands spectacles alpestres dans les défilés du Tyrol. En tout cas, il préfère les jolis paysages aux aspects grandioses de la nature sauvage. Après « s'être engouffré dans le ventre des Alpes », il est tout réjoui de se retrouver sur les bords riants de l'Adige, « alors que les montagnes ont baissé un peu leurs cornes ». S'il aime chez les hommes les caractères « tempérés et moyens », dans la nature aussi il préfère les coteaux modérés, les sites gracieux, « les petites prairies très plaisantes des vallées ». S'il admire les torrents des Apennins, c'est surtout lorsque, « ayant perdu leur première furie, ils deviennent dans les vallons des ruisseaux très paisibles et très doux ». Ce qui lui plaît dans les hautes montagnes, ce sont leurs ver-

sants verdoyants, avec leurs champs de culture,
les villages qui s'installent dans leurs plis ; et ce
spectacle lui inspire, d'ailleurs, une comparaison
fort ingénieuse :

« Les croupes des montagnes du Tyrol ressemblent à une
robe qu'on ne voit que plissée, mais qui, développée et étendue
à plat, ferait un grand pays, toutes ces montagnes étant
cultivées et habitées... »

Ce qui lui plait aussi, c'est qu'on y trouve, pour
chevaucher à son aise, « des routes aisées et
agréables », à ce point, dit-il, que « s'il avait à
promener sa fille (Léonor avait alors huit ans), il
l'aimerait autant en ces chemins qu'en une allée du
jardin de Montaigne » : ressouvenir familial, qu'on
a plaisir à noter chez un père un peu négligent.

Le sentiment de l'art n'est pas non plus prédo-
minant chez Montaigne. Même pendant qu'il voyageait en Italie, on dirait qu'il n'a pas senti passer
sur sa tête le souffle de la Renaissance artistique.
C'est en vain que Michel-Ange et Raphaël ont
décoré la ville éternelle de la nouveauté de leurs
œuvres. Montaigne est passé négligemment à
côté, sans les voir. Et lorsque, dans une page élo-
quente de son journal, il parle de Rome, c'est la
Rome antique, ce sont les souvenirs du passé
qu'il évoque exclusivement :

« Il disait qu'on ne voyait rien de Rome que le ciel sous
lequel elle avait été assise, et le plan de son gîte ; que cette
science qu'il en avait était une science abstraite et contem-
plative, de laquelle il n'y avait rien qui tombât sous les sens ;
que ceux qui disaient qu'on y voyait au moins les ruines de
Rome, en disaient trop : car les ruines d'une si épouvantable
machine rapporteraient plus d'honneur et de révérence à sa

mémoire; ce n'était rien que son sépulcre. Le monde, ennemi de sa longue domination, avait premièrement brisé et fracassé toutes les pièces de ce corps admirable, et parce qu'encore tout mort, renversé et défiguré, il lui faisait horreur, il en avait enseveli la ruine même. Que ces petites montres de sa ruine qui paraissent encore au-dessus de sa bière, c'était la fortune qui les avait conservées, pour le témoignage de cette grandeur infinie que tant de siècles, tant de feux, la conjuration du monde réitérée à tant de fois à sa ruine, n'avaient pu universellement éteindre... »

Peu touché des embellissements de la Rome-nouvelle, il en disait :

« Les bâtiments de cette Rome bâtarde, qu'on va, à cette heure, attachant à ces ruines, me font ressouvenir des nids que les moineaux et les corneilles vont suspendant en France aux voûtes des églises que les huguenots viennent d'y démolir. »

Les beaux-arts, les arts plastiques, ont donc laissé Montaigne à peu près indifférent. A Rome, cependant, les statues attirent ses regards ; et il énumère celles qu'il a le plus admirées dans le palais du cardinal de Ferrare. Mais il est à peu près muet sur la peinture ; et ce qu'il en dit témoigne de singuliers préjugés, puisqu'il ne lui accorde même pas le moindre pouvoir de représentation :

« Tous nos efforts ne peuvent seulement arriver à représenter le nid du moindre oiselet, sa contexture, sa beauté, pas même la tissure de la chétive araignée... »

Relevons cependant une théorie intéressante en matière artistique, et qui, bien qu'exprimée en deux lignes, est grosse de conséquences : « Je veux naturaliser l'art », — et il ajoutait, d'un mot qui n'a pas mérité de faire fortune, « au lieu *d'ar- tialiser* la nature. » — C'était s'associer au mouvement qui, dans les derniers siècles du moyen âge, avait déjà emporté, hors de l'art immobile et des conventions traditionnelles, les architectes, les sculpteurs des cathédrales, et les peintres des miniatures, et qui les avait entraînés à renouveler l'art, en y introduisant, par l'imitation de la nature, le mouvement et la vie. Notons aussi que Montaigne eût applaudi à l'effort qu'on tente de nos jours pour fournir aux écoles, aux salles de classe, une ornementation riante, artistique, qui entoure l'enfant d'une atmosphère de beauté. Il demandait que les classes fussent jonchées de fleurs. Il voulait y « faire pourtraire sur les murs la Joie, l'Allégresse, et Flore et les Grâces ».

Quelles qu'aient été les lacunes de l'esprit de Montaigne, il s'en faut de bien peu qu'il n'ait été un homme complet. Sa pédagogie, comme il voulait que le fussent les œuvres d'art, est ouverte à la nature et à la vie. Elle est pourtant en défaut, en ce qu'elle reste un peu superficielle, complaisante et légère. Montaigne est un penseur, un écrivain de génie, et les hommes de génie ne sont peut-être pas faits pour devenir de bons éducateurs. Tout leur est aisé : les ressources de leur riche nature les dispensent de l'effort ; ils ne songent point par suite à l'imposer aux autres. Ils oublient que le commun des hommes ne dispose pas des mêmes facultés. Parvenus sans labeur et sans peine jusqu'aux plus hauts sommets de la vie intellectuelle et morale, ils ne considèrent pas que, même pour s'élever à mi-côte, ceux qui travaillent dans la plaine ont be-

soin d'une instruction plus intensive et d'une discipline plus sévère (1).

Montaigne n'en est pas moins un conseiller avisé,
dont les leçons seront toujours profitables. Entre
Érasme, l'humaniste érudit, exclusivement amoureux des belles-lettres, et Rabelais, l'audacieux
rêveur, qui semble vouloir faire entrer toute l'ency-
clopédie du savoir humain dans la cervelle de son
élève, — un géant, il est vrai, — au risque de la
faire éclater, Montaigne occupe une place inter-
médiaire, avec ses tendances circonspectes et mo-
dérées, ennemies de tout excès.

L'enfant qui aura suivi les leçons de Montaigne
sera avant tout un esprit clair; il aura le jugement
solide et délié, le caractère prudent et droit. Il
n'aura goûté, comme son maître, que « la croûte
première des sciences ». Mais il aura tâté de toutes
les connaissances, légèrement, « à la française » ;
expression qui surprend d'ailleurs sous la plume
d'un écrivain du xvie siècle, alors qu'on sortait du
moyen âge, dont les logiciens n'avaient vraiment
rien qui annonçât l'aimable légèreté française. Il
sera un homme de devoir, tout au moins un homme
d'honneur. Quoique rebelle aux vaines cérémonies,
il se montrera, en toute circonstance, poli et civil,
prodiguant les saluts, les *bonnetades*, comme dit
Montaigne : surtout en été, parce qu'on risque
moins de s'enrhumer dans cette saison... Il sera, ce
qui est plus important, un homme doux et tolérant,

(1) « Ne sommes-nous pas tous fils de Montaigne, — disait Félix
Pécaut, qui s'en plaignait, — fils de Montaigne par la liberté
absolue de l'esprit, mais aussi par la disposition à regarder
mollement les opinions diverses ? » (*Revue pédagogique*, 1888, t. I,
p. 216.)

indépendant dans ses idées et franc dans ses paroles. « Le mentir est le pire des défauts. » Mais ce qui lui manquera un peu, ce sont les qualités du cœur. Le silence que Montaigne garde sur l'éducation du cœur, nous sommes loin de penser que Guizot ait eu raison de lui en faire honneur. Ce qui lui manquera encore, c'est le goût de l'action; c'est enfin ce que Rabelais et les hommes de la Renaissance possédaient pour la plupart à un très haut degré, la foi dans la science, l'enthousiasme et la confiance dans l'avenir.

III

INFLUENCE DE MONTAIGNE

« Qu'on croie tout ce que Montaigne conseille, qu'on fasse tout ce qu'il recommande, on pourra avoir à y ajouter; on aura besoin de conduire l'élève plus loin qu'il ne l'a fait : mais il faut passer par la route qu'il a prise; s'il n'a pas tout dit, tout ce qu'il a dit est vrai, et avant de prétendre à le devancer, qu'on s'applique à l'atteindre.» Ainsi parlait Guizot, en 1812, non sans quelque exagération, dans les *Annales de l'Éducation* (1). On n'a pas attendu, d'ailleurs, le XIXe siècle, pour apprécier à leur valeur quelques-unes des vues pédagogiques de Montaigne, et pour s'en inspirer. Locke, Rousseau lui ont fait de larges emprunts. Les solitaires de Port-Royal, dans leur *Logique*, l'ont mis à contribution, sans l'en remercier d'ailleurs. Montaigne est réellement un chef d'école. C'est ce que proclame un écrivain anglais, Hébert Quick, qui, dans ses *Educational Reformers*, déclare que « l'auteur des *Essais* a fondé, en matière pédagogique, une école de penseurs, dont Locke et Rousseau ont été, dans la suite des temps, les principaux adhérents » (2). En Allemagne, on

(1) *Des idées de Montaigne en fait d'éducation*, article souvent réimprimé, notamment dans les *Conseils d'un père sur l'éducation*, Paris, 1883.

(2) *Educational Reformers*, dernière édition, Cincinnati, 1883.

a publié plusieurs éditions des *Essais pédago-giques* de Montaigne (1). De toutes parts, on rend hommage aux mérites d'une pédagogie faite de bon sens et de sagesse, qui a ouvert la voie à une éducation plus libérale et plus large. Sans y avoir aspiré, Montaigne est devenu un maitre de la pensée humaine.

Il est vrai que c'est à l'ensemble de son œuvre, plus encore qu'à sa brève esquisse pédagogique, que va l'admiration presque unanime de ses critiques. Dans le convoi idéal qu'il imagine, et où il représente la postérité faisant escorte aux funérailles de Montaigne, Sainte-Beuve introduit les plus illustres des écrivains français, La Fontaine et Molière, Montesquieu et Jean-Jacques, Voltaire aussi, et d'autres encore. Mme de Sévigné ne s'écriait-elle pas : « Ah ! l'aimable homme ! Que son livre est plein de bon sens ! »

A ce cortège d'admirateurs il faut joindre nombre de penseurs étrangers. Voici l'Américain Émerson, qui lui donne une place dans sa galerie des *Representative men* (2), des hommes-types. Aux côtés de Platon, « le Philosophe », de Shakespeare, « le Poète », Montaigne serait « le Sceptique » ; et Émerson le couvre de fleurs : « Je me rappelle les délices et l'émerveillement où je vécus avec lui. »

En compagnie d'Émerson il faut mettre Byron, dont on a dit que Montaigne était le seul écrivain

---

(1) Citons par exemple l'édition donnée par M. E. Schmidt, dans la *Bibliothèque des classiques de la pédagogie*, Langensalza, 1876. Voy. aussi les éditions de Karl Reimer (1872), de Schippard (1880), et l'étude de Wittstock (1874).

(2) Voy. la traduction de M. Izoulet, *Les Surhumains*. Montaigne n'est pas un surhumain, comme dit M. Izoulet, mais il est bien un *representative man*.

des temps passés qu'il lût avec une satisfaction avouée.

Mais un témoignage plus imprévu encore est celui de Nietzsche, qui, dans la période de son évolution intellectuelle où il a pris goût à la clarté de la littérature française, célèbre « la loquacité charmante » de Montaigne (1).

On ne s'est pas contenté de lire et d'admirer Montaigne : on a repris ses idées, on les a copiées et développées.

Est-ce Pascal ? — non, c'est Montaigne, qui a écrit :

« Qui se représente, comme dans un tableau, cette grande image de notre mère nature en son entière majesté; qui se regarde là dedans, et non soi, mais tout un royaume, comme un trait d'une pointe très délicate, celui-là seul estime les choses selon leur juste grandeur... »

Est-ce Descartes ? — non, c'est encore Montaigne, qui a dit : « Qu'on ne loge rien en la tête de l'élève par simple autorité et à crédit »... ou encore :

« Quand les pyrrhoniens disent le doute, on les tient immédiatement à la gorge pour leur faire savoir avouer qu'au moins savent-ils cela, qu'ils doutent. »

Est-ce Rousseau ? — non, c'est toujours Montaigne, qui déclare que « l'affinement de l'esprit, ce n'en est pas l'assagissement ». Et encore :

« L'étude des sciences amollit et efférmine les courages plus qu'il ne les fermit et aguerrit. » — « Je trouve Rome plus vaillante avant qu'elle fut savante. »

Et de même ne croirait-on pas entendre Féne-

___

(1). Voy. le livre récent de M. E. Faguet, *En lisant Nietzsche.*

lon, quand on lit dans les *Essais :* « L'éducation se doit conduire par une sévère douceur ? » — ou encore Locke, dans un passage tel que celui-ci : « Endurcissez l'enfant à la sueur et au froid, au vent, au soleil, aux hasards qu'il lui faut mépriser. »

Un seul ouvrage a suffi à Montaigne pour lui acquérir une renommée immortelle. Dans ce succès extraordinaire, il faut assurément faire une part au charme du style. Jamais on n'a parlé une langue plus neuve, plus savoureuse, plus souple et plus riche, très française, avec une légère pointe gasconne. Montaigne est un créateur de notre langue. Que de mots nouveaux il a forgés, dont un certain nombre ont survécu ? Les expressions pittoresques coulent à flots sous sa plume. Les métaphores abondent, métaphores neuves, plutôt que « ceiles dont la beauté flétrit de vieillesse ». Presque toujours le mot-image se substitue au mot-abstraction. « Coupez les mots de Montaigne, disait Émerson : ils saigneront : ils sont vasculaires et vivants. » De plus, dans la fraîche nouveauté de ce langage florissant qui s'épanouit en toute liberté, la hardiesse des constructions et le dédain de la syntaxe ajoutent encore aux séductions d'un style imagé et plein de poésie. Montesquieu, qui pensait que même en prose on peut être un poète, ne rangeait-il pas Montaigne parmi « les quatre grands poètes », avec Platon, Malebranche et Shaftesbury ? Le désordre de la composition, le décousu même d'une pensée qui va à l'aventure, sans s'assujettir à un plan régulier, ne sont pas sans attrait. Montaigne n'aimait pas les discours continus : « Je me coupe souvent, faute d'haleine. » Il lui suffisait « du bout d'un

poil » pour coudre une digression charmante à son
sujet principal. Les *Essais* sont comme un recueil
de chroniques, écrites par un journaliste de grand
talent, à une époque où le journalisme n'existait
pas. Aussi ne convient-il pas de lire les *Essais*
d'une seule traite, d'un bout à l'autre, comme on
lit un livre de doctrine méthodique et suivie. Il
faut, si l'on veut en goûter toutes les séductions et
les admirer sans réserve, les lire par morceaux, au
jour le jour, comme ils ont été écrits. Il faut, pour
ainsi dire, les déguster à petites gorgées. Et alors
on savourera tout ce qu'il y a d'agréable dans le
« flux de caquet » du plus spirituel des causeurs ; et,
en même temps, ce qu'il y a de simple et de familier dans la conversation d'un écrivain, qui « parle
au papier comme il parlerait à n'importe qui » ; et
dont Montesquieu encore disait : « Dans la plupart
des auteurs, je vois l'auteur qui écrit, dans Montaigne l'homme qui pense. »

Original dans son style, Montaigne ne l'est pas
moins dans ses idées. Je sais bien, et il ne l'a pas
dissimulé, qu'il doit beaucoup aux écrivains de
l'antiquité. « Mon livre est un bouquet, dont j'ai
fourni seulement le fil. » Il s'est souvent paré des
plumes d'autrui, et il disait : « J'aimerais que quelqu'un me déplumât » ; laissant entendre qu'une
fois qu'on l'aurait dépouillé de tous ses emprunts,
il ne resterait rien ou presque rien des *Essais*. Il en
resterait tout ce qu'une imagination prime-sautière
a tissé de fines broderies sur le canevas de la
pensée des autres, sans compter tout ce qui lui
appartient en propre d'idées nouvelles. A travers
toutes ses réminiscences et ses citations surabon-

dantes des poètes, des historiens et des philosophes de la Grèce et de Rome, souffle un esprit moderne, et la personnalité de Montaigne éclate à chaque page. Il revendiquait lui-même sa part d'originalité, quand il disait qu'il se servait des livres, « non pour former ses opinions, mais pour les assister et les seconder, une fois formées ».

« Je guette dans les livres si j'en pourrai friponner quelque chose, de quoi émailler ou étayer le mien... »

Si quelques chapitres des *Essais*, par leurs titres au moins, ne sont que des ressouvenirs des petits traités de morale que nous ont laissés les philosophes de l'antiquité, — *De la Colère*, *De la Constance*, *De la Vertu*, — d'autres sont comme les premières esquisses de quelques-uns des livres qu'ont écrits depuis trois siècles les plus célèbres de nos penseurs et de nos philosophes : tels, par exemple, les *Essais* intitulés : *la Liberté de conscience*, *de la Grandeur romaine*. Et n'est-il pas vrai que du fameux chapitre *Apologie de Raymond Sebond* sont sorties les *Pensées* de Pascal ? Montaigne est, pour ainsi dire, l'entre-deux de la pensée antique et de la pensée moderne. Il ressuscite l'antiquité, et en même temps, par ses vues neuves et hardies, il ouvre une ère nouvelle ; et cela, semble-t-il, sans en avoir conscience, car cet homme de progrès ne croit pas au progrès. Il est un précurseur sans le savoir.

Montaigne en croyait guère au progrès de l'individu, ni au progrès de la société. A vingt ans, d'après lui, une âme humaine serait « dénouée », étant déjà tout ce qu'elle peut devenir. Dans un autre passage, c'est à trente ans qu'il fixe la limite de l'évolution des individus ; et il rappelle que c'est avant cet âge que la plupart des grands hommes ont accompli leurs actions d'éclat. Il se cite lui-même en exemple, disant que, depuis la trentième année, « son esprit, comme son corps, a plus reculé qu'avancé ». Tout au plus accorde-t-il qu'à ceux qui emploient bien leur temps, « la science et l'expérience croissent avec la vie » ; mais la vivacité de l'esprit, la promptitude et la fermeté du jugement ; « ces facultés bien plus nôtres, plus importantes et plus essentielles, se fanissent et s'allanguissent ».

Montaigne, — et en cela il est infidèle à l'esprit de la Renaissance, — ne croit pas non plus au progrès collectif de l'humanité. Il n'y croit pas, et il ne le désire même pas. Il voudrait « planter une cheville en notre roue pour en arrêter le branle ».

Il a pourtant préparé ce progrès auquel il ne croyait pas. Son livre est plein de vues d'avenir, dans les matières les plus diverses. Ne devance-t-il pas son temps par cet esprit de tolérance qui lui fait condamner le fanatisme de ses contemporains ? On était au lendemain de la Saint-Barthélemy, quand il écrivait : « C'est mettre ses conjectures à bien haut prix que d'en faire cuire un homme tout vif ! » Ne condamne-t-il pas la torture et les supplices, qui ne devaient pas être de sitôt abolis ? Il est humanitaire, dans ce siècle de sauvagerie dont La Noue pouvait dire : « Les Français sont convertis en tigres » ; et Henri IV : « Nous sommes toujours prêts à nous couper la gorge les uns aux autres. » Il « hait cruellement la cruauté ».

Il s'indigne contre les spectacles abominables dont il a la douleur d'être le témoin.

« Nous avons vu des voisins et des concitoyens, sous prétexte de piété et de religion, déchirer par tourments un corps plein de sentiment, le faire rôtir par le menu, le faire mordre et dévorer aux chiens et aux pourceaux. »

S'il ne semble pas soupçonner l'essor futur de la science, sur quelques points au moins, il prévoit que l'avenir est appelé à modifier et à améliorer l'état présent des choses. Nous avons vu comment il malmenait durement la médecine, avec l'irritation d'un malade que les médecins ne parviennent pas à guérir, même en lui ordonnant, contre la pierre, des remèdes fantastiques, tels que « des crottes de rat pulvérisées ! »... Et cependant il augure qu'un jour viendra où la médecine rendra de réels services à l'humanité : le jour où les spécialités médicales se seront constituées, et où il y aura un médecin compétent pour chaque espèce de maladie.

Montaigne ne se cantonne pas dans ses méditations idéales de dilettantisme philosophique. Il est déjà un homme pratique, qui se préoccupe des arts utiles, qui s'intéresse au commerce et à l'industrie. Dans ses voyages, il étudie, il compare les divers systèmes de chauffage, l'état des fontaines publiques. Il est aussi curieux de se rendre compte du jeu d'une machine hydraulique que de visiter les bibliothèques publiques, les musées ou les églises. Dans les villes d'Allemagne, il note que nos voisins « ont foison de fer et de bons ouvriers, et qu'ils nous surpassent de beaucoup ». La France, déjà, était distancée par l'Allemagne. Il s'enquiert des institutions qui peuvent faciliter la vie commerciale, et il voudrait, par exemple, qu'il y eût, dans chaque ville, un bureau central de renseignements et comme un office du travail.

Les préjugés d'un patriotisme étroit sont inconnus à Montaigne. L'amour qu'il portait « à sa misérable patrie » ne l'empêchait pas de rendre justice aux autres nations. Comme Socrate, il aurait dit volontiers : « Je ne suis pas citoyen d'Athènes, je suis citoyen du monde. » Il prend « un plaisir infini » à voir la bonne police, les mœurs simples, la liberté de la Suisse. Il a meilleure opinion des Italiens que des Français : il estime qu'ils ont « l'esprit plus éveillé, le jugement plus sain ». De ses compatriotes, « indiscrète nation », il critique, entre autres défauts, leur humeur batailleuse : « Mettez trois Français au désert de Libye : ils ne seront pas un mois ensemble, sans se harceler et s'égratigner. » Dans son journal de voyage, il est dit qu'à son jugement très favorable sur les nations qu'il visitait se mêlait un peu de mépris pour son pays, qu' « il avait à haine et à contre-cœur ». Mais il était enthousiaste de Paris, et il ne lui reprochait que l'aigre senteur de ses boues, comme à Venise l'obscur de ses marais. C'est bien un moderne qui a chanté cet hymne à la gloire de Paris :

« Je ne me mutine jamais tant contre la France que je ne regarde Paris de bon œil. Paris a mon cœur dès mon enfance, et m'en est advenu comme des choses excellentes : plus j'ai vu, depuis, d'autres villes belles, plus la beauté de celle-ci peut et gagne sur mon affection ; je l'aime par elle-même et plus en son être seul que rechargée de pompe étrangère ; je l'aime tendrement, jusqu'à ses verrues et à ses taches ; je ne suis Français que par cette grande cité, grande en peuples, grande en félicité de son assiette, surtout grande et incomparable en variété et diversité de commodités : la gloire de la France et l'un des plus nobles ornements du monde. Dieu en chasse loin nos divisions !... »

Il n'y a pas jusqu'à la méthode de raisonner, pratiquée par Montaigne, qui ne soit, à certains égards, animée par un esprit nouveau. Les démarches de sa pensée ne sont pas aussi fantaisistes, aussi déréglées qu'on pourrait le croire. Presque toujours, il procède en s'appuyant sur des faits : des faits de tout ordre, il est vrai, qui ne sont pas tous authentiques, qu'il n'a pas observés lui-même, et dont il renvoie la responsabilité aux écrivains auxquels il les emprunte ; mais enfin c'est sur des faits, historiques ou non, et que son érudition lui fournit à profusion, qu'il fonde ses réflexions et ses conclusions. C'est déjà en un sens la méthode baconienne. Montaigne ne déduit pas en géomètre, comme fera Descartes : mais il observe, il induit, avant que Bacon ait conseillé de le faire. Les *Essais*, a-t-on dit, sont la préface de l'*Instauratio magna*.

Montaigne s'observe surtout lui-même, et il peut être considéré comme l'inspirateur de cette psychologie introspective, qui a pour but l'analyse du moi et pour moyen l'observation intérieure : cette psychologie qui a été longtemps en honneur dans la philosophie française, et qui, malgré ses lacunes, a été d'un si grand profit pour la connaissance de la nature humaine. Il a analysé finement les défaillances de la mémoire. Il a parlé en jolis termes des rapports de l'âme avec les sensations : « L'âme est touchée très légèrement et comme léchée par les molles impressions des sens. » Il ne se dissimulait pas d'ailleurs les difficultés de ce travail de réflexion intérieure.

« C'est, disait-il, une épineuse entreprise de suivre une allure aussi vagabonde que celle de notre esprit, de pénétrer les profondeurs opaques de ses replis internes, de choisir et arrêter tant de menus airs de ses agitations. »

Mais il ajoutait : « S'il n'y a pas description pareille en difficulté, il n'en est pas de pareille non plus en utilité. » Il s'y est consacré tout entier, à la fin de sa vie : « Il y a plusieurs années que je n'ai que moi pour visée à mes pensées. » Pour se justifier, il invoquait l'exemple de Socrate : « De quoi traite Socrate plus largement que de soi ? » Comme le philosophe grec, n'estimant toutes les autres sciences que « pour le service de la vie », il considérait que la connaissance de soi-même est la plus importante de toutes.

Il n'est guère de question pédagogique où Montaigne n'ait dit son mot, un mot juste et de sens moderne.

L'internat? Il n'hésite pas à le condamner : « Je ne veux pas qu'on emprisonne ce garçon... »

Le surmenage qui, de nos jours, a fait couler des flots d'encre ? Il le malmène rudement :

« Je ne veux pas corrompre l'esprit de l'enfant à le tenir à la gehenne et au travail, quatorze ou quinze heures par jour, comme un portefaix... »

L'excès du travail intellectuel, une application

indiscrète à l'étude, une téméraire avidité de science? Montaigne juge que le résultat d'une discipline de ce genre est simplement d'affoler, d'abêtir, d'abrutir.

« Il n'est rien si gentil que les petits enfants de France : mais ordinairement ils trompent l'espérance qu'on en a conçue. J'ai ouï tenir à gens d'entendement que ces collèges, où on les envoie, les abrutissent ainsi. »

L'étude des langues vivantes ? Montaigne, sur ce point, nous a devancés de trois siècles. C'est d'ailleurs par les voyages, par le séjour à l'étranger, qu'il entend assurer ce genre d'instruction :

« Je voudrais qu'on commence à promener l'écolier dès sa tendre enfance, et premièrement par les nations voisines où le langage est plus éloigné du nôtre, — ce qui semble bien désigner l'Allemagne, — et auquel, si nous ne la formons de bonne heure, la langue ne peut se plier. »

La méthode directe, celle que nous appliquons aujourd'hui, et qui consiste è apprendre les langues, moins par la grammaire que par l'usage et la conversation? Montaigne la recommandait, même pour le latin.

Les méthodes actives, celles qui sollicitent la réflexion de l'élève. Elles n'ont pas trouvé de nos jours de plus zélé partisan.

Nous demandons aujourd'hui que, de bonne heure, la morale soit enseignée aux enfants, et nous introduisons dans les classes de quatrième et de troisième un cours élémentaire et familier sur les devoirs de l'homme. C'était déjà l'avis de Montaigne.

Nous vivons dans un siècle affairé, où chacun est

impatient de se faire sa place au soleil. Il en était déjà ainsi du temps de Montaigne qui ne veut pas que l'élève pâlisse trop longtemps sur les livres. Il se plaint, la vie étant si courte, qu'on retarde trop l'entrée des jeunes gens dans les carrières actives. « On ne les embesogne pas assez tôt. » On fait une trop grande part « à l'oisiveté et à l'apprentissage ».

« Notre enfant est pressé : il ne doit au pédagogisme que les premiers quinze ou seize ans de sa vie : le demeurant est dû à l'action... »

Nous songeons à organiser, pour l'éducation morale et sociale de la jeunesse, des fêtes publiques. Ici encore Montaigne est un initiateur :

« Les bonnes polices prennent soin d'assembler les citoyens, et de les rallier, comme aux offices sérieux de la dévotion, aussi aux exercices et aux jeux... »

Et il en résulte, dit-il, cette conséquence heureuse que « la société et amitié des hommes s'en augmentera ».

Novateur en matière d'éducation, et parfois avec une réelle hardiesse, Montaigne, en politique, est le plus timide des conservateurs. Ne lui parlez pas de rien changer à la coutume établie, quelque mal qu'il en pense. Il est l'ennemi des révolutions, et il considère comme un vain exercice d'esprit toute discussion théorique sur la meilleure forme de gouvernement.

« Nous nous déplaisons volontiers de la condition présente, mais je tiens pourtant que d'aller désirer le commandement de peu en un État populaire, ou, en la monarchie, une autre espèce de gouvernement, c'est vice et folie. »

Ah! sans doute, si l'on travaillait sur une table rase, si l'on avait à construire une cité idéale sur un terrain neuf, « en un nouveau monde », Montaigne aurait à proposer « une peinture de police », un plan de gouvernement, différent de celui qu'il soutient, sans en nier, d'ailleurs, ni les abus, ni les vices. Mais nous nous trouvons en face d'un monde « déjà fait, et formé à certaines coutumes ». Vouloir le réformer, ce serait d'abord à peu près impossible :

« Par quelque moyen que nous ayons loi de le redresser et ranger de nouveau, nous ne pouvons guère le tordre de son accoutumé pli... »

Et si une révolution était possible, est-il certain que l'État s'en trouverait bien? Montaigne est conservateur de ce qui est, surtout par désespérance du mieux.

« Toutes grandes mutations ébranlent l'État et le désordonnent... Les mouvements de l'humanité ne peuvent point améliorer son sort... Le bien ne succède pas nécessairement au mal : un autre mal lui peut succéder. »

De même qu'en religion le sceptique, le rationaliste Montaigne conclut à l'obédience catholique; de même en politique, tout mécontent qu'il est, il prêche le respect du régime établi; et il s'attache à consoler les impatients qui réclameraient des réformes et voudraient sauver le pays des maux dont il souffre :

« Notre police se porte mal : il en a été de plus malades, sans mourir... »

Montaigne est donc un conservateur. Mais il advient parfois que ce conservateur tient un lan-

gage révolutionnaire. Tout au moins recueille-t-il
sans protester les réflexions hardies qu'inspiraient
à des étrangers, à des Américains notables, certaines institutions des États européens, soit la
royauté héréditaire, soit l'inégale distribution des
richesses. Il se trouvait à Rouen, vers 1565, avec
Charles IX. Là, le tout jeune roi eut occasion de
recevoir trois indigènes du Brésil, et il conversa
longtemps avec eux. On leur demanda ce qui,
dans nos mœurs, leur avait causé le plus de surprise. Entre autres choses, ils répondirent qu'il
leur semblait d'abord fort étrange que « tant de
grands hommes portant barbe, forts et armés, se
soumissent à obéir à un enfant... » Ce qui les avait
encore plus surpris, c'était de voir chez nous
« des hommes pleins et gorgés de toutes sortes de
commodités » ; tandis que quelques-uns de leurs
semblables « étaient mendiants à leurs portes,
décharnés de faim et de pauvreté » ; ils ne compre-
naient pas comment « ces pauvres gens pouvaient
souffrir une telle injustice, et qu'ils ne prissent les
autres à la gorge, ou missent le feu à leurs maisons... »

Montaigne n'est pas tellement confiné dans
l'étude de l'antiquité qu'il en oublie d'ouvrir les
yeux, non seulement sur le présent, mais sur l'avenir des sociétés modernes et de l'humanité tout
entière. Il a connu le Capitole et son plan, avant de
connaître le Louvre, et le Tibre avant la Seine :
mais cela ne l'empêche pas d'accorder son attention,
avec une curiosité passionnée, aux questions de la
découverte et de la conquête du nouveau monde.
C'est ainsi qu'après une pompeuse description des

fêtes populaires de Rome, il nous transporte sans transition sur l'autre rive de l'Atlantique :

« Notre monde vient d'en trouver un autre, non moins grand, plein et membru que lui, toutefois si nouveau et si enfant qu'on lui apprend encore son a, b, c (1)... »

Et il se met à prophétiser les destinées futures de ce monde enfant, dont il semble pressentir le rapide développement, et aussi le tort qu'il fera un jour à l'ancien :

« Cet autre monde ne fera qu'entrer en lumière, quand le nôtre en sortira : l'univers tombera en paralysie ; l'un membre sera perclus, l'autre en vigueur. »

La prodigieuse intensité de vie des États-Unis ne justifie-t-elle pas une partie des prédictions de Montaigne ? Il s'ébahissait « de l'épouvantable magnificence des villes de Cuzco et de Mexico ». Qu'aurait-il dit devant la colossale croissance des cités de New-York et de Chicago ?

En attendant, Montaigne se plaint, avec une éloquence irritée, des procédés que les Espagnols avaient employés dans leurs barbares conquêtes. Il aurait voulu que les populations de l'Amérique, elles qui n'avaient d'autre souci que « de passer heureusement et plaisamment leur vie », eussent affaire à des civilisateurs pacifiques et doux, et non à des conquérants avides, à des hommes de proie. Et, toujours féru de son admiration pour l'antiquité, il s'écrie :

« Quel dommage que ne soit tombée sous Alexandre, ou sous ces anciens Grecs et Romains, une si noble conquête ?...

(1) *Essais*, L. III, chap. VI.

Ils eussent doucement poli et défriché ce qu'il y avait de sauvage chez ces peuples ; ils eussent dressé entre eux et nous une fraternelle société et intelligence. Au rebours, qu'avons-nous vu ? Tant de villes rasées, tant de nations exterminées, tant de millions de peuples passés au fil de l'épée, et la plus riche et belle partie du monde bouleversée pour la négociation des perles et du poivre !.. »

Et en présence de ces peuplades d'Amérique, qui vivaient en paix sous les lois naturelles, avant que leurs oppresseurs fussent venus leur apprendre les mœurs, les institutions et les vices de la civilisation, Montaigne, le très civilisé Montaigne, ne se défend pas de toute rêverie utopiste. Il se laisse aller à regretter, comme un âge d'or perdu, la vie sauvage des peuples primitifs. Un des passages où il expose son rêve a été recopié par Shakespeare. Le poète anglais avait lu les *Essais*, dans la traduction publiée en 1601 par Florio (1). Là-dessus un critique français, quelque peu aventureux, a imaginé que Montaigne avait exercé sur l'esprit de Shakespeare une action des plus profondes (2). D'après lui, la lecture des *Essais* aurait, à partir de 1603, modifié sensiblement le caractère de la production dramatique de Shakespeare, en y introduisant une philosophie nouvelle. *Jules César*, *Hamlet*, *Coriolan*, seraient tout pleins de Montaigne. Ce sont là propos bien hasardeux. La seule chose certaine, c'est que l'auteur de *la Tempête*,

---

(1) On conserve au British Museum l'exemplaire de la traduction de Florio, annoté par Shakespeare. On a même prétendu y avoir retrouvé un autographe de Shakespeare; mais ce document paraît être apocryphe, et les critiques anglais disent que c'est simplement une « *forgery* ».

(2) Article de Philarète Chasles, dans le *Journal des Débats* du octobre 1840.

faisant parler un de ses personnages, qui, avec quelques compagnons d'infortune, a échoué dans une île déserte, a mis dans sa bouche une tirade presque textuellement empruntée à Montaigne :

« J'établirais dans ma république toutes choses au rebours des méthodes habituelles : car je n'y admettrais *aucune espèce de trafic, nul nom de magistrat, nulle connaissance des lettres, nul usage de service, de richesse ou de pauvreté, nuls contrats, nulles successions, nuls partages;* pas de terres encloses, de champs labourés ni de vignobles : *nul usage de métal, de blé, de vin ou d'huile:* tous les hommes seraient oisifs, tous, et toutes les femmes aussi, etc. (1). »

Il est arrivé à Montaigne d'écrire, dans un moment d'humeur : « la canaille du vulgaire »... Ne le prenons pourtant pas pour un aristocrate qui méprise le peuple. Il sait quelles vertus peut recéler la vaillante âme populaire. D'une des *Trois bonnes femmes*, dont il raconte l'histoire, il dit qu'elle était « de bas lieu », et que, « parmi telle condition de gens, il n'est pas si nouveau d'y voir quelque trait de rare bonté ». Élevé d'abord dans une humble maison de village, ayant eu pour parrain et marraine des gens du peuple, il n'a cessé de « s'adonner aux petits ». Gentilhomme campagnard, s'il s'intéressait peu aux choses de l'agriculture, dont il n'avait pas la moindre notion, il sympathisait du moins avec les agriculteurs. Les paysans, disait-il, dans leurs mœurs et leurs propos, sont plus « ordonnés » que les philosophes.

(1) *La Tempête* (1612), acte II, scène I. Cf. *Essais*, L. I, chap. XXX. Nous soulignons les mots qui sont littéralement empruntés à Montaigne.

« Regardons à terre les pauvres gens que nous y voyons épandus, la tête penchante après leur besogne, qui ne savent ni Aristote, ni Caton, ni exemple, ni précepte : de ceux-là tire nature tous les jours des effets de constance et de patience plus purs et plus raides que ne sont ceux que nous étudions si curieusement à l'école. »

Parfois, échappant aux traditions royalistes, Montaigne déclare que « la domination populaire lui parait la plus naturelle et la plus équitable ». L'égalité était, à ses yeux, « le fondement de l'équité ». La compassion fraternelle pour les humbles ne lui faisait point défaut : il le prouvait en recueillant dans son château de petits mendiants, qu'il essayait de tirer de l'aumône et de la misère, et qui d'ailleurs, une fois habillés et repus, s'enfuyaient, comme plus tard feront les vagabonds que Pestalozzi ramassait sur les routes.

Les théologiens de Rome reprochaient, entre autres choses, à Montaigne, d'user et d'abuser du mot de « fortune », parce qu'il sacrifiait ainsi la providence, la volonté divine, dans le gouvernement des affaires humaines, à la force des circonstances, au destin ou au hasard. La philosophie moderne lui fait le même reproche, mais pour d'autres raisons. Montaigne n'a pas cru suffisamment à la puissance de la volonté, aux effets de la réflexion humaine. Il ne sent pas assez que c'est l'homme qui peut être, s'il le veut, l'ouvrier de sa destinée. La « fortune », c'est-à-dire, tout ce qui est indépendant de la volonté humaine, serait la vraie reine du monde. « L'heur et le malheur, dit-il, sont de souveraines puissances. »

Ne laissons pas dire pourtant que l'action de la volonté fût chose inconnue à Montaigne. Une volonté n'est au fond qu'une pensée forte; et les pensées fortes, viriles, qui songerait à les lui dénier? On a même pu dire des *Essais* qu'ils étaient, par l'admiration et le culte que Montaigne y professe pour les héros de tous les temps, comme une école de la volonté.

Montaigne aurait été surpris, je crois, si quelqu'un avait pu lui prédire le succès extraordinaire que l'avenir réservait aux *Essais :* éditions sans nombre, traductions en langues étrangères, autant de lecteurs qu'il y a de lettrés dans le monde. Réjoui autant que surpris : car il ne faut pas le croire sur parole, quand il se donne les airs d'un indifférent qui mépriserait la gloire. Il l'avoue parfois : la louange lui était agréable, d'où qu'elle vînt. S'il plaçait Mlle de Gournay, en un rang éminent, parmi les personnes remarquables de son temps, la dévotion touchante dont l'entourait cette jeune fille, d'un esprit après tout médiocre, mais avant-courrière de la renommée future, entrait pour une large part dans l'estime en laquelle il la tenait. Il ne faut pas le prendre au mot, quand il parle de la « nihilité » de ses œuvres, et quand il se donne pour un homme « de la commune façon ». Faux bonhomme en ce point, avec sa modestie feinte, il se connaissait trop bien, il avait le jugement trop sûr, pour ne pas avoir conscience de son mérite.

S'il lui avait été donné de connaître les appréciations si diverses de la foule des commentateurs qui se sont abattus sur les *Essais*, il eût été flatté de leurs éloges, et au fond chagriné de leurs critiques. Mais surtout, il se serait diverti de leurs contradictions. Il eût pris plaisir à trouver dans leurs affirmations contraires de nouveaux arguments, pour dauber sur l'incertitude du jugement humain, et pour faire ressortir la difficulté d'établir des opinions fermes. Et sans prétendre le pasticher en son merveilleux style, — ce qui n'est permis qu'à La Bruyère (1), — voici peut-être le sens, sinon la forme, de quelques-unes des réflexions que lui eût suggérées la lecture de ses critiques :

« Je vois, aurait-il pensé, que, malgré la longue succession des années, l'inconstance des opinions humaines n'a point changé depuis trois siècles : elles sont toujours ondoyantes et diverses. Voici, par exemple, un de vos grands ministres de l'instruction publique, Guizot, qui m'a porté aux nues et comblé de louanges, auxquelles, dans mes plus grands excès de présomption, je n'eusse jamais osé prétendre. Oui, mais voici qui serait de nature à rabattre mon orgueil, si j'en pouvais concevoir. Que lis-je en effet dans l'ouvrage de Guillaume Guizot, le fils, je crois, de mon louangeur de tout à l'heure ? Que j'ai eu le tort « de proposer comme un programme mon éducation personnelle, qui n'a point abouti »... C'est un peu dur, et j'en appelle du fils au père. Mon éducation a-t-elle été aussi manquée que cela ?

« Que dit encore ce sévère critique ? Que j'aurais

____

(1) Voy. le pastiche de Montaigne par La Bruyère dans les *Caractères*, chapitre V : *De la Société et de la conversation.*

tracé « le plan d'une éducation de grand seigneur
d'après les souvenirs d'un enfant gâté »... « Enfant
gâté », moi? Mais vous oubliez que j'ai été élevé au
village, à la rustaude, à la dure; que j'ai été dressé
à la plus basse et commune façon de vivre, à la
frugalité et à l'austérité; et que si, à l'aventure,
ma vie ne s'est pas conformée aux habitudes de ma
première enfance, ce n'est pas la faute de l'éducation que j'avais reçue, c'est celle de mon tempérament. Vous oubliez qu'on me laissa dans ce pauvre
village, tant que je fus en nourrice, et encore au
delà; et qu'ensuite, alors que j'avais six ans à
peine, je fus enfermé au collège de Guyenne, dans
une geôle de jeunesse captive. C'était le meilleur
collège de France, à ce qu'on disait, avec des pro-
fesseurs excellents, dont deux au moins, Buchanan
et Muret, sont restés célèbres; mais tant y a que
c'était toujours un collège, et que les caresses y
étaient rares.

« Il est vrai que mon excellent père, le meilleur
qui fut oncques, quand il me gardait auprès de
lui, me conduisait d'une façon molle et libre,
exempte de sujétion rigoureuse, voulant élever
mon âme en toute douceur et liberté; mais c'était
seulement quand j'étais à la maison que je jouis-
sais de cette liberté, et jusqu'à treize ans, je n'al-
lais guère à Montaigne que pendant les va-
cances.

« Il est vrai encore que, au retour du nourrissage,
mon père m'entoura de la plus tendre sollicitude,
jusqu'à telle superstition qu'il avait soin de me faire
éveiller au son de quelque instrument, pour ne pas
me troubler la cervelle par un réveil brusque et en

sursaut. Et c'est peut-être pour cela, d'ailleurs, que je n'ai jamais aimé la musique, comme on se dégoûte de toute chose qu'on a prématurément goûtée. —

« Socrate, qui parlait beaucoup de lui, comme je l'ai fait moi-même, disait des dialogues de Platon, à ce qu'on raconte : « Que de belles choses ce jeune homme me fait dire auxquelles je n'ai jamais songé ! » De même dirais-je volontiers de quelques-uns de mes historiens qu'ils ont découvert en moi des qualités, et peut-être aussi des défauts, que je ne soupçonnais pas. Et cependant, Dieu sait si je me suis étudié, épié toute ma vie, si je me suis contrôlé et roulé en moi-même! Ainsi j'apprends de M. Grün (1), que j'ai été un économiste. C'est beaucoup dire : il est vrai que, pendant mon administration municipale, je pris parti pour la liberté du commerce, et que je fis ce que je pus pour détourner les Bordelais de la politique, en dirigeant leur activité vers les affaires commerciales. D'autres ont dit que j'avais été un philologue, pour avoir écrit le chapitre *des Destriers...*

« On se plaint que j'aie abusé des confidences. Mais à lire tous les travaux que de patients érudits entassent sur ma mémoire, je m'aperçois que je n'avais pas tout dit. Comment ne serais-je pas touché que, trois siècles après ma mort, des hommes du XIXe siècle se soient attachés, avec tant de persévérance, à élucider les points obscurs de ma vie, en furetant à droite et à gauche ? Comment ne serais-je pas particulièrement recon-

(1) M. Grün, *Vie publique de Montaigne.*

naissant au docteur Payen, qui, pendant plus de vingt ans, a fouillé tous les coins et recoins de mon existence et de mon œuvre ? Il s'est pris pour moi d'une passion réelle. Oui, il m'a aimé autant que ma chère fille d'alliance, Mlle de Gournay. Et combien d'autres encore ne devrais-je pas remercier ? On a étudié jusqu'au fauteuil, où je m'asseyais dans ma librairie, et qui a été retrouvé dans le grenier du château de Montaigne (1). Je ne m'y asseyais pas longuement : car mon esprit dormait, quand mes jambes ne s'agitaient pas ; et sur ce point, moi qui ai fréquenté toutes les sectes philosophiques de l'antiquité, j'étais un fidèle de la secte péripatétique, celle dont les disciples étudiaient en se promenant.

« Mais de tous ceux qui se sont occupés récemment de moi, il en est deux surtout que je distingue, et que je mets à part. C'est d'abord M. Champion, qui a ceci de méritoire, qu'il m'a lu tout entier, sans se laisser rebuter par mes longueurs et mes redites. Parmi mes critiques, y en a-t-il beaucoup qui en aient fait autant ? Sans doute, je pourrais débattre avec lui la question de savoir si, comme il le croit, j'ai modifié plusieurs fois ma manière de voir et traversé plusieurs phases ; si, comme il le dit, deux âmes ont cohabité en moi; si, enfin, il y a eu, comme vous dites aujourd'hui, une évolution dans mon caractère et ma pensée. Mais cette discussion serait trop longue, et je me borne à renvoyer M. Champion à un des hommes qui ont

____

(1) Voy. la brochure intitulée *le Fauteuil de Montaigne*, par M. Gély, Périgueux 1865.

le plus finement analysé l'esprit des *Essais*, à Sainte-Beuve, qui veut bien reconnaître qu'il y a eu, « au fond, de l'unité dans mes idées ». Je l'ai dit : mon jugement, quasi dès ma naissance, il est un, et en matière d'opinions universelles, dès l'enfance, je me suis logé au point où j'avais à me tenir. Et quoi qu'en dise M. Champion qui, sur ce point, se trompe certainement, jamais, à aucune époque de ma vie, je n'ai cédé à « un violent esprit de parti et à une sorte de fanatisme ».

« L'autre, c'est M. Émile Faguet. Celui-là m'a compris. Je crois entrevoir sur ses lèvres le demi-sourire ironique qui flottait sur les miennes. Il est bien l'héritier de ma pensée, et, s'il avait vécu de mòn temps, j'en aurais fait mon fils d'alliance, le frère de Mlle de Gournay.

« Ce n'est pas qu'il soit très tendre pour moi. Il m'a plutôt maltraité. Mais quoi d'étonnant, si l'on me critique ? Moi-même, quand je retâtais mes ouvrages, je m'en dépitais. M. Faguet prétend, par exemple, que je ne veux rien apprendre aux enfants : rien, ou peu de chose. N'ai-je pas écrit pourtant, m'appropriant une pensée de Plutarque : « Que doivent apprendre les enfants ? Ce qu'il faut pour qu'ils deviennent des hommes ? » De même est-il juste de dire que, dans le gouvernement de l'enfance, « je sois allé jusqu'au laisser faire et quasi jusqu'à ne faire rien » ? Mais de ce que j'ai avoué que je ne goûtais aucun travail ennuyeux, en faut-il donc conclure que j'ai déconseillé le travail, le travail attrayant, fondé sur l'affection et l'appétit ? N'est-ce pas à la même conclusion qu'aboutissent les meilleurs de vos pédagogues ? Ne recommandent-ils pas, eux aussi, d'allécher l'attention de l'enfant par le plaisir?

« Pour juger équitablement d'un homme, il faut lui tenir compte des circonstances ; il faut lui appliquer ce que vous appelez maintenant la théorie du milieu. Avant le siècle où j'ai vécu, on avait abusé d'une science fastidieuse et stérile, hérissée de ronces et d'épines. Peut-être ai-je penché avec trop de complaisance dans le sens inverse des études faciles et agréables. On avait abusé aussi de la discipline : il fallait réagir. Peut-être, si j'avais vécu dans un temps comme le vôtre, où l'on dit que tout se relâche, me serais-je montré plus ferme et plus rigoureux. C'est ce que comprend fort bien M. Faguet, quand il remarque que je parlais à des hommes à qui manquaient exactement toutes les facultés de modération. J'ai incliné un peu, un peu trop, peut-être, du côté où ils ne penchaient pas.

« Ce dont je le loue aussi, c'est de ne m'avoir pas toujours pris au sérieux. Je n'ai écrit les *Essais* que pour me distraire dans ma solitude, par amusement. Mais, ce qui me plaît surtout, c'est qu'il m'ait défendu, après quelques autres, contre ce reproche de scepticisme qui s'est attaché à mon nom comme une légende. Ah ! certes, j'ai douté. J'ai répudié, le plus que j'ai pu, les préjugés et les superstitions. Mais, sur bien des points, j'ai eu des croyances, et des croyances fermes. J'ai cru à la justice, non à la justice humaine, souvent très injuste et très inique, mais à la justice en soi, naturelle et universelle. J'ai cru à la tolérance, et je l'ai pratiquée. Surtout, j'ai cru à l'obligation de chercher et de dire la vérité. La vérité est chose si grande que nous ne devons dédaigner aucune entreprise pour nous y conduire. Dire la vérité c'est la fondamentale partie de la vertu. Il la faut aimer pour elle-même. Et c'est sans doute parce que j'ai aimé la vérité que, parmi quelques censeurs qui m'ont dénigré, j'ai rencontré beaucoup de lecteurs qui m'ont estimé et qui m'ont aimé.

FIN.

BIBLIOGRAPHIE

Outre le chapitre intitulé : *De l'Institution des enfants*, L. I, chap. XXV, il faut consulter, dans les *Essais*, d'autres chapitres, où Montaigne s'explique encore sur le sujet de l'éducation : — L. I, chap. XXIV, *Du Pédantisme*; — L. I, chap. XXII, *De la Coutume*; — L. II, chap. VIII, *De l'Affection des pères aux enfants*; — L. II, chap. XXXI, *De la Colère*; — L. III, chap. III, *Des Trois commerces*; — L. III, chap. VIII, *De l'Art de conférer*; — L. III, chap. XIII, *De l'Expérience*, etc.

Les éditions des *Essais* sont des plus nombreuses : nous ne citerons que les principales. Montaigne lui-même donna de son vivant deux éditions : la première, en 1580, Bordeaux, 2 vol.; cette édition ne comprend que les deux premiers livres; — la seconde en 1588, Paris, 1 vol.; celle-ci était augmentée d'un troisième livre et de *six cents additions aux deux premiers*. Mlle de Gournay publia à son tour deux éditions des *Essais*, l'une en 1595, revue et augmentée *d'un tiers plus qu'aux précédentes éditions*, d'après des notes écrites par Montaigne dans les quatre dernières années de sa vie ; l'autre en 1635, où le texte original est souvent altéré.

Édition de Coste, Londres, 1724, qui a été souvent réimprimée.

Édition de 1802, publiée d'après un exemplaire de l'édition de 1588, conservé à Bordeaux, et que Montaigne avait encore chargé de notes.

Édition de J. V. Le Clerc, 1826, réimprimée en 1863, avec une *Préface* de Prévost-Paradol, 4 vol. in-8°. C'est l'édition devenue classique, et celle que nous avons suivie dans nos citations, mais en modifiant l'orthographe, notre étude n'étant pas un travail d'érudition.

Édition Charles Louandre, édition *variorum*, 4 vol. in-12, Paris, 1862.

Édition Dezeimeris et Barkhausen, 2 vol., texte de 1580, les deux premiers livres seulement, Bordeaux, 1870.

Édition Combet et Royet, 4 vol., Paris, 1872.

Édition Motheau et Jouaust, texte de 1588, 7 vol., Paris, 1886. —

Il ne saurait être question d'énumérer ici tous les travaux de critique et d'histoire qu'a inspirés Montaigne. Nous ne mentionnerons que les plus récents et les plus intéressants.

Conort, *Étude sur Montaigne et ses doctrines pédagogiques*, dans la *Revue pédagogique*, 1880-1881.

Mme Jules Favre, *Montaigne, moraliste et pédagogue*, Paris, 1887.

Paul Stapfer, *Montaigne*, dans la collection des *Grands écrivains français*, Paris, 1895.

Du même : *La Famille et les amis de Montaigne*, Paris, 1896.

Guillaume Guizot, *Montaigne, Études et fragments*, Paris, 1899.

Paul Bonnefon, *Montaigne, l'homme et l'œuvre*, Paris, 1899.

Edme Champion, *Introduction aux Essais de Montaigne*, Paris, 1900.

Parmi les historiens de la littérature qui ont fait à Montaigne une large place dans leurs études, nous citerons :

Félix Hémon, *Cours de littérature.*

E. Faguet, *Seizième siècle, Études littéraires*, Paris, 1894.

Diverses éditions spéciales ont été données du chapitre de *l'Institution des enfants.*

E. Réaume, *Rabelais et Montaigne pédagogues*, Paris, 1886.

F. Hémon, *De l'Institution des enfants*, Paris, 1888.

G. Compayré, *De l'Institution des enfants*, Paris, 1888.

TABLE ET SOMMAIRE

1. — **Le caractère et les idées générales de Montaigne**. — Qu'il a été un éducateur de l'esprit français, par l'ensemble de ses idées. — Esquisse de sa biographie. — Histoire de son esprit. — Contrastes et contradictions. — Qu'il n'a rien d'exemplaire, ni comme mari, ni comme père. — En revanche, il a été un fils pieux et un ami tendre. — Montaigne et Étienne de la Boëtie. — La piété amicale de Montaigne. — Ce qu'il faut penser de sa sensibilité. — Pour quels motifs il se retira dans son château (1570). — Sa vie publique. — Montaigne maire de Bordeaux (1581-1585). — Son « affection languissante » pour les affaires. — La peste de Bordeaux (1585). — Il ne se désintéresse pas des événements contemporains. — Son attitude au milieu des partis. — Ses relations avec les hommes politiques du temps. — Neutralité relative et indépendance absolue. — Son loyalisme politique. — Ses rapports avec le roi de Navarre. — Mépris qu'il professe pour la nature humaine. — Jugements sur ses contemporains. — Opinions étroites sur la valeur morale et intellectuelle des femmes. — Il se contredit, et leur rend justice. — Mlle de Gournay, sa fille d'alliance. — Montaigne a surtout vécu dans le commerce des livres. — Abondance de lectures. — Préférence pour les poètes, les historiens et les moralistes. — La curiosité, un des traits distinctifs de son esprit. — Son journal de voyage en Italie. — La prétendue paresse de Montaigne. — En quoi il a été un égoïste. — Besoin extrême d'indépendance. — Un peu de vanité. — Pourquoi il a si longuement parlé de lui. — Il étudie l'homme en s'étudiant lui-même. — La modération

CORBEIL. — IMPRIMERIE ÉD. CRÉTÉ.

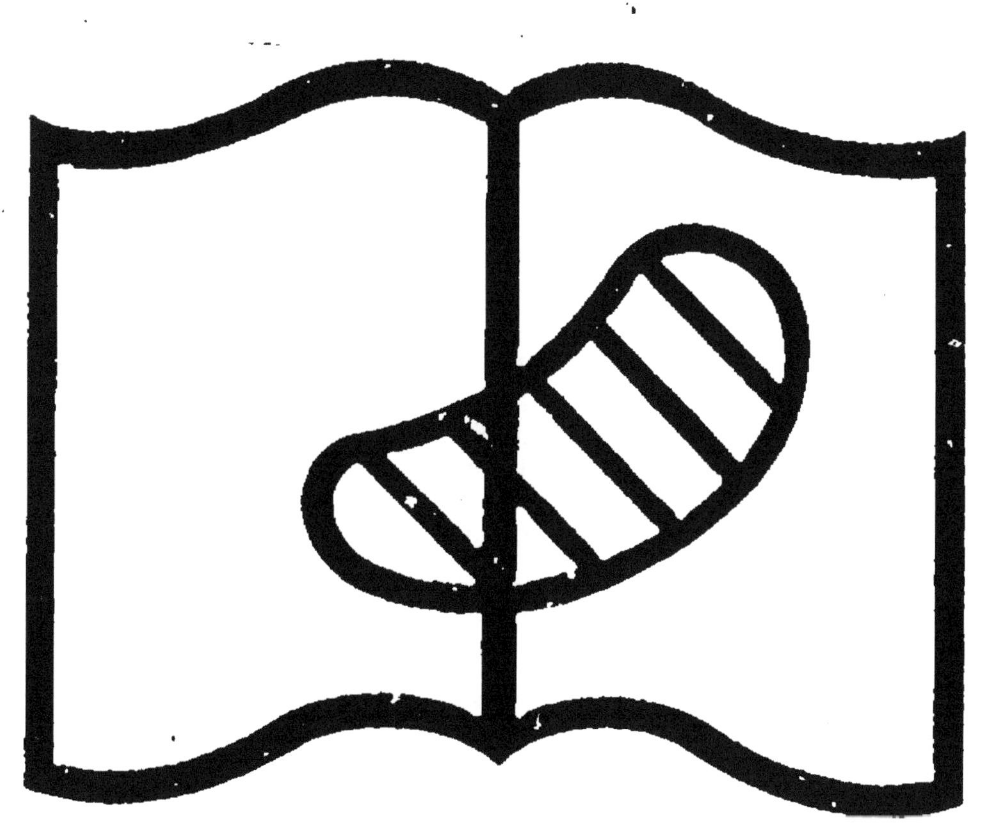

www.ingramcontent.com/pod-product-compliance
Ingram Content Group UK Ltd.
Pitfield, Milton Keynes, MK11 3LW, UK
UKHW022343130726
13694UKWH00006B/845